U0033685

西藏踏查（二）

歐陽無畏大旺調查記

Tawang: The Records of Chhos-hPhel-hJigs-Med

歐陽無畏　原著

韓敬山　審訂

民國日記｜總序

呂芳上
民國歷史文化學社社長

　　人是歷史的主體，人性是歷史的內涵。「人事
有代謝，往來成古今」（孟浩然），瞭解活生生的
「人」，才較能掌握歷史的真相；愈是貼近「人性」
的思考，才愈能體會歷史的本質。近代歷史的特色之
一是資料閎富而駁雜，由當事人主導、製作而形成的
資料，以自傳、回憶錄、口述訪問、函札及日記最為
重要，其中日記的完成最即時，描述較能顯現內在的
幽微，最受史家重視。

　　日記本是個人記述每天所見聞、所感思、所作為
有選擇的紀錄，雖不必能反映史事整體或各個部分的
所有細節，但可以掌握史實發展的一定脈絡。尤其個
人日記一方面透露個人單獨親歷之事，補足歷史原貌
的闕漏；一方面個人隨時勢變化呈現出不同的心路歷
程，對同一史事發為不同的看法和感受，往往會豐富
了歷史內容。

　　中國從宋代以後，開始有更多的讀書人有寫日記
的習慣，到近代更是蔚然成風，於是利用日記史料作歷

史研究成了近代史學的一大特色。本來不同的史料，各有不同的性質，日記記述形式不一，有的像流水帳，有的生動引人。日記的共同主要特質是自我（self）與私密（privacy），史家是史事的「局外人」，不只注意史實的追尋，更有興趣瞭解歷史如何被體驗和講述，這時對「局內人」所思、所行的掌握和體會，日記便成了十分關鍵的材料。傾聽歷史的聲音，重要的是能聽到「原音」，而非「變音」，日記應屬原音，故價值高。1970年代，在後現代理論影響下，檢驗史料的潛在偏見，成為時尚。論者以為即使親筆日記、函札，亦不必全屬真實。實者，日記記錄可能有偏差，一來自時代政治與社會的制約和氛圍，有清一代文網太密，使讀書人有口難言，或心中自我約束太過。顏李學派李塨死前日記每月後書寫「小心翼翼，俱以終始」八字，心所謂為危，這樣的日記記錄，難暢所欲言，可以想見。二來自人性的弱點，除了「記主」可能自我「美化拔高」之外，主觀、偏私、急功好利、現實等，有意無心的記述或失實、或迴避，例如「胡適日記」於關鍵時刻，不無避實就虛，語焉不詳之處；「閻錫山日記」滿口禮義道德，使用價值略幾近於零，難免令人失望。三來自旁人過度用心的整理、剪裁、甚至「消音」，如「陳誠日記」、「胡宗南日記」，均不免有斧鑿痕跡，不論立意多麼良善，都會是史學研究上難以彌補的損失。史料之於歷史研究，一如「盡信書不如無書」的話語，對證、勘比是個基本功。或謂使用材料多方查證，有如老吏斷獄、法官斷案，取證求其多，追根究柢求其細，庶幾還原

案貌，以證據下法理註腳，盡力讓歷史真相水落可石出。是故不同史料對同一史事，記述會有異同，同者互證，異者互勘，於是能逼近史實。而勘比、互證之中，以日記比證日記，或以他人日記，證人物所思所行，亦不失為一良法。

從日記的內容、特質看，研究日記的學者鄒振環，曾將日記概分為記事備忘、工作、學術考據、宗教人生、游歷探險、使行、志感抒情、文藝、戰難、科學、家庭婦女、學生、囚亡、外人在華日記等十四種。事實上，多半的日記是複合型的，柳貽徵說：「國史有日歷，私家有日記，一也。日歷詳一國之事，舉其大而略其細；日記則洪纖必包，無定格，而一身、一家、一地、一國之真史具焉，讀之視日歷有味，且有補於史學。」近代人物如胡適、吳宓、顧頡剛的大部頭日記，大約可被歸為「學人日記」，余英時翻讀《顧頡剛日記》後說，藉日記以窺測顧的內心世界，發現其事業心竟在求知慾上，1930 年代後，顧更接近的是流轉於學、政、商三界的「社會活動家」，在謹厚恂恂君子後邊，還擁有激盪以至浪漫的情感世界。於是活生生多面向的人，因此呈現出來，日記的作用可見。

晚清民國，相對於昔時，是日記留存、出版較多的時期，這可能與識字率提升、媒體、出版事業發達相關。過去日記的面世，撰著人多半是時代舞台上的要角，他們的言行、舉動，動見觀瞻，當然不容小覷。但，相對的芸芸眾生，識字或不識字的「小人物」們，在正史中往往是無名英雄，甚至於是「失蹤者」，他們

如何參與近代國家的構建，如何共同締造新社會，不應該被埋沒、被忽略。近代中國中西交會、內外戰事頻仍，傳統走向現代，社會矛盾叢生，如何豐富歷史內涵，需要傾聽社會各階層的「原聲」來補足，更寬闊的歷史視野，需要眾人的紀錄來拓展。開放檔案，公布公家、私人資料，這是近代史學界的迫切期待，也是「民國歷史文化學社」大力倡議出版日記叢書的緣由。

編輯說明

　　歐陽無畏（1913-1991）原名歐陽鷙，字無畏，又名歐陽覺猛、孟覺月，法名有多種漢譯，較常見的有君庇亟美、群沛晉美、群丕寂默等。歐陽無畏 1913 年生於浙江杭州，後隨父親遷往瀋陽。1933 年 5 月畢業於馮庸大學，後擔任青海省立師範學校教員。1934 年 6 月參與黎丹率領的西藏巡禮團入藏，抵拉薩不久後即進入哲蚌寺郭莽學院（又名果芒扎倉、果莽札倉）出家為僧。於 1941 年 1 月獲格西然堅巴學位，但因費用接濟無著，於是輟學東歸。1941 年 9 月起在中央政治學校任訓導兼藏文教師，1945 年抗戰勝利後兼任國防部邊務研究所藏文教官。1948 年 4 月受國防部第二廳委派，以駐藏組長身分入藏。1951 年 4 月離藏到印度，最終輾轉抵達臺灣。抵臺後曾擔任國立政治大學及國立臺灣師範大學兼任教授，1961 年應聘至國史館任纂修，1979 年退休。1991 年 10 月 10 日病逝於臺北，享年 78 歲。

　　本書收錄歐陽無畏於 1938 年間，由西藏拉薩前往中印邊界大旺地區之調查報告與日記。原書分三部分，第一部分為大旺調查報告，概述全程，並陳對策；第二部分為大旺調查遊記，記途各處情形；第三部分為大旺調查日記，按日分述每日行程。

　　本書中古字、罕用字、簡字、通同字，在不影響文

意下，皆改以現行字標示。作者於書寫時，人名、地名
之翻譯名多與今日不同，落筆敘事更可能有魯魚亥豕之
失，為存其真，均予以保留。

　　本書使用西藏文拼音與現行拼音方式略有不同，為
尊重原文，恕不更動。另涉及西藏人名地名，翻譯上不
統一或引述內容有誤差處，審訂者已盡力以註解修正，
未盡之處，尚祈方家指正。

目錄

大旺調查日記

1938 年

序言（1952 年油印本序言）

　　我國的邊境，被鄰邦蠶食去的不知多少。這本書上所記的大旺就是一箇顯著的例。

　　當年英國經營他的印度帝國的時候，把西藏祇是當作印度的一箇土邦，為他併吞的第二目標。所以英國在印推行的邊界政策，一貫的要把印度東北的邊界推到希馬拉亞山以北去。於是錫金（即哲孟雄部）被併吞了；本來是中國藩屬的尼泊爾，在名義上獨立，實際上卻做了保護國了；不丹早被統制，在印度獨立後，也由印度畫入他的版圖裡去了！我們更不可忘記，就在我們抗戰結束期間，英軍官帶領印兵侵入我康境的察隅、科麥兩地。這是與印度開拓阿薩姆（Assam）省的四年計劃有密切關係一件事。

　　我們從歐陽無畏先生的這本書中，看見鄰邦侵略大旺的步驟及其最後目的，能不怵目驚心。像這樣的大事，早應該由政府負責機關派大批幹員去踏勘或密查，但是以前既無人注意，即注意亦不過官樣文章的教附近省縣查報，從不取有效的行動，也沒有肯吃苦的人員實地去查。結果倒是一箇研究學術的大學，鼓勵一箇有志的青年，還得到這點可靠的成果。想起來不勝感慨。我希望以後政府對於邊境的事件，斷不可像以前這樣含糊。

　　我還有一句話，不能不在此附帶喚起輿論界的特別注意，就是一切有關邊界主權的報導，應當非常小心。共匪軍隊進入西藏，祇是叛亂，是我們的內政問題，因

為西藏是中華民國的領土。現在外國通信社的電報，常
說匪軍侵入印度境內，而考察其所報導的地點，實係西
藏境內，與印度無涉。可見這種報導是含有作用的。我
們自然反共，卻斷不能隨聲附和，將本國的領土，說是
屬於他國。這箇大當，希望大家決不可上！

　　　　　　羅家倫　中華民國四十一年雙十節，臺北

自序 （歐陽無畏手稿原序）

這是我在藏第二次旅行的記實，由於旅行方法的不同，得來經驗亦異。

前次旅行尼泊爾，多賴噶廈的馬牌，站些官派兒，一切都感覺便利。這次完全步行，途中的困難，祇有身歷其境的人始可領略。我覺得前次居然能在加德滿都住兩月，這次連不丹的邊界也沒福望到，可算是很痛苦的失敗，但是所收獲的教訓，是比前次豐富得多了！我又覺得像我這樣一個寄食社會半僧半丐的人，自然不夠旅行的資格，還會有人請我到一個區域裡去特任調查的工作，說來是很慚愧的！

調查的結果，可說是毫無所得，又有什麼可以值得公開發表的呢？不過是一個痛苦的經驗，我願意我的朋友們，知道一個西藏旅行的痛苦的經驗。寫在這裡，讓大家曉得某人曾經有這樣一回事，說我愚蠢也好，同情我也好！

中華民國二十七年除夕，行署三樓

大旺調查報告

　　此次決定前往壘大旺[1]地方調查英軍侵擾事情後，即於七月十七日自拉薩乘皮船起程，十九日抵札塘，[2]為雇嚮導耽延四日，二十三日自札塘發，二十五日抵孜塘。[3]因徒步負重疲勞，休息二日。二十七日自孜塘發，八月三日抵翠南，[4]因事耽延六日，九日發，十一日抵大旺。借住大旺寺[5]方丈中凡四日，曾兩赴英軍營房遺址勘查，並詢當地土人關於英軍一切侵擾實情暨大旺通各地道路情形等，皆於迅速中完畢調查任務。為避免姦細耳目，及保持行動秘密計，不便再事逗留，爰於十五日動身返拉，十七日抵翠南，為遣發嚮導及等候腳力耽延四日，二十一日發，未循原路，取道馬匹拉山、直古湖[6]一帶荒山野嶺。二十七日抵札塘，二十八日渡江至札，二十九日翻越札拉山，三十日安返拉薩。綜計來回時日共四十五天，扣去沿途耽延，實在途三十日。查此次調查係屬秘密性質，一切準備，皆未在拉薩辦理。自出拉薩後，所經皆僻村冷鎮，交通不便，無處覓

1　壘大旺，「壘」讀音為「門」，此地區簡稱大旺或塔汪，又名達旺。
2　今扎塘，位於拉薩南南東方約 50 公里處。
3　今澤當，位於拉薩東南方約 80 公里，雅礱河與雅魯藏布江匯流處。藏語意為「猴子玩耍的壩子」，猿猴變人的藏族人類起源神話就出於此地。
4　今錯那，藏語意為「湖邊」，位於拉薩南南東方約 200 公里處。
5　今達旺寺，全名達旺甘丹朗傑拉孜，屬藏傳佛教格魯派。
6　今哲古湖，藏語意為「彎刀」，因湖的形狀像一把彎刀而得名，為苯教之聖湖。

雇代步，除自拉薩至札塘一段乘坐皮船外，來回全係步行，故需時三十日之多。如照普通牲口腳程計算，自拉至大旺祗需十一日，西藏政府馳送公文，拉薩、大旺間祗需六日耳。

　　茲謹將此次調查行期開列如上外，並將（一）沿途道路情形；（二）沿途重要地方情形；（三）大旺情形；（四）英人今後對藏邊之動向及（五）我國之對策，分為五項詳述於後。

（一）沿途道路情形

　　查自拉薩至翠南道路共二：

甲、自拉薩渡衛曲河，[7] 經由德慶，翻郭喀拉山，至桑耶寺，[8] 渡藏江至孜塘，南逾雅堆札拉山後，經噶爾康、格惹、森必，或於逾雅堆札拉後，稍東繞逾學巴拉山，經熱塘寺至森必合路後，沿雅拉容湖東岸，過登學至翠南。此為西藏官道，曾經修理，然年久失養，仍感崎嶇。

乙、由拉薩渡衛曲河，翻札拉山至札，渡藏江至札囊峪，或於拉乘衛曲河皮船，經業塘、曲水入藏江，至札囊峪，由此南逾薩保拉山、桑拉山、札則拉山、東勒拉山、貫熱拉山、直古湖、起家拉山、將姑拉山、馬匝拉山，沿雅拉容湖 [9] 西岸，行經登學

7　即拉薩河。

8　藏語意為「無邊寺」、「存想寺」，寺院融合漢、藏以及印度三種建築風格，因此又稱「三樣寺」。

9　即拿日雍錯，又名奶子雍木錯、乃熱宇錯，藏語意為「碧玉湖」，

後山，以至翠南。此路沿途皆荒山野嶺，高坡不
生草木，夏季尚可通行，冬日則冰雪封山，無有
人跡。

又翠南赴大旺亦有二途：

甲、自翠南南逾點燈山、格爾欽山，至夏武，又南逾朋
拉山、千人山、蜜臘山，至大旺。

乙、自點燈山口赴勒卜、邦欽，至大旺。道較遠，惟冬
令夏武之途冰雪封山後，始由此道。

（二）沿途經過重要地方情形

甲、業塘

位拉薩西南約五十里，正當堆隆河、衛曲河交點之
下，農利豐富，藏印大道由拉薩赴印之第一站宿。古蹟
有復興西藏佛教之阿提沙[10]大師廟塔等。

乙、曲水

位衛曲河與藏江交點之北岸，北距業塘約百里，南
去江孜須四日，東下孜塘須五日。據藏江之中流，握
衛、藏中南西三部交通之樞紐，除農產外，稍有網漁
之利。

丙、札囊峪

西距曲水三日，北面欄江，於孃喀涉渡翻札拉山至

湖中有月牙形小島。

10　即阿底峽（982-1054），藏傳佛教噶當派的開創者。

拉薩才三日，東赴孜塘二日。南去盡高山荒嶺，然東南赴翠南，正南赴拉康，西南赴羊卓雍湖，皆有路可通，為西藏中部農產最富區域之一。至其用手工織成之氆氌、褐疋等物，有大量出產，馳名全藏。峪中之絳巴林寺，[11] 浮圖建築宏美，堪與江孜大塔[12] 比並伯仲。每年正月、六月間，舉行廟會，商賈輻輳，彼時自拉薩轉運來之茶、布京貨，錫金人轉運來之英印雜貨，遠如藏北之羊毛、三十九族[13] 之酥油、不丹之米，皆會集於此。而不丹人來藏經商者，惟此時可見，營業最大者，乃吾漢滇商世順和云。

丁、孜塘

位藏江中流之南岸，與桑耶寺隔江相望，北逾郭喀拉山距拉薩三日半，東沿江而下三日至達布，南通翠南才六日程，為西藏中部第一農產區域。其所出手工毛織特利嗎柔軟光潔，油滑耐久，質美量多，製成衣服，中外豔羨。商務亦有內地村鎮風，滇商世順和、平商興記，於此皆設有分莊。前清時漢民來此經商者夥，就地購產落籍有六十七戶。壬子變後，漢人散失逃亡，產業並為藏人吞佔。劫後遺黎，僅存五、六戶，雖未向西藏投誠，然生活艱難，受盡壓迫，子女多不曉中原音韻，幾與藏族同化，但其內向之心，無時時或已，自治團

11　今敏珠林寺或敏竹林寺，為藏傳佛教寧瑪派六大寺院之一。

12　指白居寺的吉祥多門塔，亦稱十萬佛塔，塔高 42.4 公尺，共 9 層。

13　即霍爾三十九族或藏北三十九族，為那曲西部與昌都西北部一帶各部落的總稱。

結，猶知掙扎，每遇對外事件，輒由此五、六戶中推舉
鄉約辦理，而每年九月，當地全體漢人，猶聚集公酌於
關帝廟中。查此廟建於嘉慶年間，現仍完好，且因歷年
積累，廟會本金約有伍仟兩藏銀，存母動子，故九月公
酌得以年年繼續舉辦不絕。賴此，當地漢人得以聯絡互
識，不至淪於華夷莫辨之境，情況殊堪哀憫。

戊、翠南

位喜馬拉雅東段聶拉陽河之東源頭，海拔在一萬
四千英尺以上，四季皆冬，田地都用以種牧草，居民於
冬季恆遷往他處避寒，僅餘空屋。但此地之重要，不在
出產，乃在於其對於不丹及聾隅之商業。查翠南東通賈
隅之覺髻，[14] 南下大旺以通不丹、聾隅及印度，西通董
噶、[15] 拉康，北赴孜塘、拉薩，為商販四集之地，貿易
以鹽、米為大宗。西藏政府每年陰曆正月在大招[16]布施
三大寺之粥米，皆由此運往，是故每年逢五、七、十一
月三個月之集期，四方商賈雲集。藏政府除在此設立宗
官外，並由拉楞羌錐設立米棧收買不丹、聾隅之米。其
收買辦法，係先由藏北鹽池，將鹽馱至存貯，然後將鹽
換米，通常價格每鹽二斗，換米一斗。該棧除執行鹽米
政策外，並稽查過往負販，不得私運鹽米，及行商貨物
檢驗徵稅等職，蓋兼緝私與釐金二者之職務者也。又查

14　今覺拉，位於錯那東北方約 50 公里處。

15　今洞嘎，位於錯那西北方約 20 公里處。

16　即大昭寺，藏語稱為「覺康」，意為「釋尊殿」，是藏傳佛教各
　　教派共同供奉的寺院，也被稱為「四喜寺」。

鹽米政策，初創於嘉、道年間，揆其初意，原為利用藏
北出產之鹽，以易尼泊爾、瓦龍、錫金、不丹、覃隅等
處之米，以充實駐藏制營兵丁糧餉之用。張蔭棠氏查辦
藏案時，更確立鹽票制度，嚴厲執行官產、官運、官銷
政策，以防私商居奇壟斷，及抬高價格之弊。但自壬子
變後，前清一切設施，落於藏人之手。初時為姑息省務
計，每假手商人代運、代銷，積久漸至競爭營謀米棧職
務。一旦到手，假官運、官銷之名，行包運、包銷之
實，浸至以烏拉[17]運鹽，以劣鹽換米。官吏壟斷商業，
而商人反無事可為，成法大壞，流弊無極，至拉薩米價
奇昂，而喜馬拉雅南麓反有淡食之民。

（三）大旺情形

藏江自過孜塘後，南岸稱為達布，東北岸稱為工
布，江流南折內彎處稱白馬崗，[18]對岸稱波密。波密之
南為察隅，察隅之東南為滇緬未定國界北段之江心坡。
江心坡之西乃藏江流注入普拉馬普特拉江之下游三角
洲，盡係野人居地。稍西北乃匝日山及賈隅，正西及西
南為覃隅。覃隅之正南與印度阿三省[19]交界，西南與不
丹之札什崗交界，西及西北為西藏之南邊。此一整個區
域全屬於藏江之下游，因其能從藏江口及喜馬拉雅南坡
之海拔較低之山峰罅口吹入印度洋北進之暖氣流，故此

---

17 指運輸攤派的差役制度，對象包括人、馬、牛，支應差役的人稱
　　「烏拉娃」。
18 今墨脫，位於澤當東方約 350 公里處。
19 即阿薩姆（Assam）。

地帶中稍窪之處，皆較西藏內陸為溫暖，且此種氣流挾有豐富之水氣，故區中雨量特多。有此自然之優厚天賦，區內常有森林地帶，若藏江口之三角洲、察隅、豐隅、賈隅南部，及匝日山之南麓等地，皆屬喜馬拉雅南坡之地，海拔平均不到一萬英尺，全部皆為完好之松、杉、樺、柏林木。稍低之處，且植稻米，即遠如工布、達布、波密等地，亦有茂密之灌木林。此等地方雖較察隅、豐隅等地為寒，然其農產仍豐富於中部之衛河流域。張蔭棠氏且曾計劃於波密栽植稻米，移殖四川過剩人口，其地之富厚可想而知。至於地下的富藏如何，未經調查，未可妄事猜度。英人年年勞苦之成績，素守秘密，從未宣佈，故外人無從得悉。但此整個區域之中心，即自白馬崗起，迤南直至藏江口，包括匝日山大半在內，全為未開化之野人區域，調查探險，時有生命之危，迄今猶為地球上最難探險區域之一。歷年英人調查探險於此地帶者，雖絡繹不絕，然皆不敢直接由印度阿三省行藏江口以上溯，唯一應遵守之條件，為極端避免通過野人地帶，因此出入其地者，皆須繞道。東面則自江心坡入察隅，西面則自豐隅赴賈隅，於是豐、賈之地，最近乃現重要。

查豐隅全部在北緯二十七度至二十八度，及東經九十一度四十分至九十三度之間。東以拔熱力河至藏江西岸之達夫喇及熱波爾族野人地，南以鄂多拉古利與英印阿三交界，西以拔兒得河與不丹為界，北自蜜臘山頂迤南至鄂多拉古利間，海拔從一萬四千英尺落至五百英尺左右，坡度陡急。全境山峰叢簇，溪澗兜繞，因雨量

與溫度之充足，在一萬英尺左右之山地，森林密茂，多
為圓針杉、油松闊葉丹瑪樹及樺樹林木等類。稍下一、
二千尺，則稻田遍佈，菓木成林，桃、杏、石榴尤夥。
至於藥材、礦產之情形如何，則不敢妄擬，然南鄰印度
邊境，野象、毒蛇、虎、豹時常出入，土人每年捕獵所
獲，亦屬不貲。

　　土著屬支系藏族，普通呼為薺巴，[20] 形態與正統藏
族有別者，為皮膚白晰，眼微凹，胸平厚，腿不作螺旋
彎曲，亦信佛教。語言除少數名詞、動詞不同，及稍變
更其讀音外，純為藏語，蓋與錫金語、不丹語同屬藏語
中之南方方言系也。服裝男多衣紅色大領短襖，襟在左
邊，短髮髲髲，不似本部藏人之辮索垂垂也。女則亦大
領左襟，短襖，下罩褶裙，僅覆膝頭，髮總掠向後挽
髻，亦有別於本部西藏女子之分垂雙辮也。風俗良善，
遺物途中，立石作記，則從無發篋私竊之事，至於殺人
劫貨，更從不聞。歷史上有名之風流達賴六世滄漾嘉
錯，即生於此區內南距大旺一日程之小村中，地靈人
傑，信有然矣！但近年來出入此區中之本部藏人漸多，
人眾品雜，時有寺院逃僧、拉薩流囚，混居於此，於是
殺掠偷竊之事，層見疊出，因此薺巴對藏人皆存嫉視仇
敵之心。復加藏政府每年在此徵賦木板、酥油、米，既
無定制，官復貪婪，更增薺巴叛離之念。若不早時設法
收攬人心，誠恐英人朝夕挑唆，則畛畔堪虞矣。

　　大旺位蜜臘山陽之半腰坡上，拔海九千七百五十英

20　今門巴族，意為門隅地區的人。

尺，北距翠南百里餘。東經絳隅、塞拉、僧格宗、嶺、提郎宗，折向南，經謝爾、獨秉、阿巴達拉至印度之鄂多拉古利，共約八日。南經木垛、薩丹、密髻、絳嶺底、戎瓊，入不丹境之札什崗，再經榮不拉、髻什、空不則、瑣波拉、嘉翠直噶，以至印度之古丹，約十二日。西經達巴、南策仁、桑康隆、瑋同、勒登、婆隆嘉，五日渡巴爾得河入不丹界，七日至中薩，[21] 又七日至不丹首城之布那克。[22] 但夏、秋間因雨水過多，沿途橋樑沖毀淨盡，不、印兩道皆絕，秋後修復始通，為西藏與不丹、印度通商除帕里外之唯一要道。

地方分為兩部：上為大旺札倉，乃隸屬於哲繃寺羅塞林院之寺院；下為雪，為一二百餘戶平民居之村鎮。

大旺寺有僧約五百名，全係甕巴，平日居寺者，不及半數，餘皆出外營商。僧人多不守戒律，尤喜酗酒滋事，藏人飲料以茶為生命食糧，但該寺僧人全以米所釀成之燒酒為主要飲料。其資望稍久者，可得為拔夏爾，拔夏爾者，乃寺中派出赴雪中民家巡查過往客商，勒徵金錢之名，而美所徵之錢之名曰地稅，實乃變相之劫掠也。至於諷經、追懺等事，更不學習，蠻橫霸道，以之魚肉人民則有餘，宏法利生則從未之見。官府不敢禁，僧官不敢問，寺中堪布雖由羅塞林選放，然無實權，僧人視之不過如供奉神龕中之偶像而已。且自英人年年來此調查，挾其萬能之盧比勢力，購物雇工所付恆過當地

21　今通薩（Trongsa），位於不丹中部。

22　今普那卡（Punakha），1955 年前為不丹首都。

值價數倍，又復聯結寺僧，挑激其民族情緒，暗中勾結，早已墮入於其利餌中矣！

雪中居民盡係由西藏本部所移殖者，多以經商為生。雪之東坡為烏堅林，乃為紀念滄漾嘉錯而建之小寺。坡下則為絳喀，為最初見稻田之農莊，至其莊中始見疊巴住屋。此莊有二莊頭，藏語稱為喜涅爾，歸翠南營官任放。此二莊頭連同大旺寺堪布、大旺寺公眾及大旺寺商上管事二人，合稱大旺六座。凡遇疊隅境內一切公眾事宜及對藏政府呈稟轉發公文，皆由此六座集議解決。此外距大旺五日程之提郎宗亦受其管轄，提郎寺之堪布，須經此六座公同議定選放。提郎宗南二日程之塔克郎宗，每年冬令由六座委派該宗頭人，輪流前往印境之鄂多拉古利，提取地稅盧比伍仟元。據云該地原屬藏轄，英人蠶食後，詭稱代當地土人完繳賦稅，藏方以年年有地稅可得，遂不過問，積漸侵略，有由來矣！翠南宗在大旺設有米棧，其職務與翠南米棧相同。而大旺寺之商上，則主管該寺錢糧寺產及僧人布施熬茶捨粥等事。

查英國自中、英、藏森姆拉會議後，大西藏計劃無形擱淺，然其野心招揭，舉世訿議，深知非計，於是轉而謀其次者，遂移其工作重心於康、藏、滇邊境之野人區域。而疊隅恰當門戶，歷年派遣地理、地質、氣象、動植、探礦等專家學者，人數之多，無法計數，調查測繪，不遺餘力。民國十三年間，即誘引藏方夏札倫欽與之訂約，將疊隅、賈隅連帶藏江口一並割讓與英，以為扶助西藏叛我獨立之報酬，但當時地理情形不熟，進行

未力。迄今已積十餘年之成績，頗具經營把握，始於民國二十四年，由英駐拉薩委員威廉孫向藏政府積極交涉割讓事宜。但經蔣參議致余暗中設法極力阻止，且電告行政院轉飭外交部令駐英郭大使泰祺向英外部抗議後，幸未實現，但實際英人對此區中工作益力，並未絲毫放鬆。民國二十六年春，且派員深入匝日山之嘉曲崗，集合村人教以種稻技術，開墾荒地，建築臨時住屋，直至八月新穀登場時始回。彼時靐、賈兩處地方官吏，曾呈報噶廈，噶倫等以條約係由夏札手訂，不干己事，具存退讓之心，而現夏札已死多年，更無人出頭負責交涉。如此損失土地、辱國喪權之重大案件，竟秘不外宣，推諉了事，可謂昏瞶糊塗已極！英人見藏方默然不理，知更可欺，於是變本加厲，愈來愈凶，今春乃有率兵侵入大旺，公開聲明正式佔有之舉。事態擴大，噶廈初猶顧頊隱秘，但拉薩市街早已家傳戶曉，無人不知，但噶廈則視若無睹，仍思姑息不理，聽其自然變化，後禍誠不堪設想。

查此次英人來大旺者，計英官一名，學者若干，無線電台工作人員二名，醫生一人，尉官一人，兵士八十餘人，皆武裝齊備，苦力二百餘人，全體約近三百。自印度高亞答出發，經鄂多拉古利、亞巴達拉、獨秉、謝爾、提郎宗、嶺、僧格宗、塞拉、絳隅，於藏曆二月三十日抵大旺，五月初二日循原路回去，計逗留六十三日。駐帳於大旺、雪坡下之平窪處，伐山作柴，闢地練操，每日工作不過縱令兵士捕殺禽獸、採集花草，製成標本外，無非攝影、繪圖，參觀寺院跳神，呼令民婦歌

舞。其最令人注意者，厥有三端：

（一）召集當地頭目人等，公開宣稱英國佔有自大旺
迤南之全部夔隅境地。

（二）集數日之力，詳細詢問夔隅全境每年對藏政府
所繳納支應之賦稅差徭賬目。

（三）饋送大旺寺僧眾以糖、酒、紙煙、電筒、電池及
其他雜物凡十餘大箱，極盡其猙獰、陰險、狐媚
之能事。

當地頭人所謂大旺六座者，於英人來後，曾數度舉
行會議籌謀應付之方法，終以列席者意見紛岐，或竟有
意投誠英人甘作奴隸者，會議毫無結果。僅由大旺寺堪
布派人會同翠南宗所遣人員一同急馬馳赴拉薩噶廈報
告，均不得要領，頹然而返。英人於臨去時，復宣稱
今歲秋後九、十月間仍復再來，無人之境，誰復能阻之
不來！

又查此次統率英官名羅噶爾卜提斯，彼於民國二十
五年冬，曾率六、七十人一同到大旺駐營，此乃其再度
騷擾也。

（四）英人今後對藏邊之動向

藏江下游諸地，為全藏精華所在，英人之朝夕窺伺
者，不僅止在於其利源，尤因其地對我之國防關係。一
旦英人囊括斯土，則左而工布、太昭、嘉黎、碩督，進
擾三十九族，以高屋建瓴之勢，控制昌都、玉樹，威
脅青、康。中路由江心坡入察隅、波密、貢覺、乍雅，
據瀾滄、金沙之上流，以擾西康中部。右而逾野人山，

經滇境之片馬、維西、中甸、阿墩子，以向巴塘。計劃在切斷中國本部經由青、康、滇三方面至西藏之聯絡，永久置西藏於其保護之下，陷我國西陲國防於萬劫不復之境，則其侵佔矍隅、賈隅，實為其預定初步計劃之一，復與其自緬甸方面侵入尖高山，通過滇、川中區以出揚子江上游之獨佔長江經濟利益之計劃相呼應，則中國不亡而自亡，陰狠毒辣，莫此為甚。查民國二十二年冬，英人侵佔班洪；二十四年夏，向西藏政府交涉割讓矍隅、賈隅；今春遂悍然率兵侵入，一切皆似從整個計劃中之一根線索而來，則矍隅、賈隅勢在必得，今後惟有更加積極侵略，加緊完成其吞噬步驟。預料最近之將來，其侵略動向有如下數者：

（一）今秋九、十月間，仍統率軍隊進駐大旺，其人數及武裝必更多、更精，甚至於就此長駐不歸，實現其永久佔據之野心。

（二）同時撤換其現駐拉薩辦事人員，調回錫金人髻以巴都，所易新任，必為高級幹吏。來後必向藏政府嚴屬交涉割讓事宜，以求取得法律上之根據。或竟有無理要求，以威脅利誘手段，逼令西藏宣佈脫離我國而完全承認英之保護。

（三）或竟出兵江心坡、片馬，侵入滇、緬北段未定國界內之我國境地，如班洪故事。

（四）如以上三者經我國預籌對策、防範得宜後，英人或將挑唆廓爾喀重提民國十八年及其他藏、尼間懸案，煽動藏尼戰爭，以增我西陲糾紛，而坐收漁翁之利。

（五）我國之對策

現我國已進入抗戰建國最嚴重關頭，對於西藏，有不得不兼顧，不得不勉力行之者，有如下數端：

（一）外部令駐英大使向英提嚴重抗議，以待抗戰結束後作交涉時之法律根據。

（二）同時嚴令西藏政府不得擅自簽訂任何喪權辱國條約。

（三）代籌歷年西藏積欠英方一切債款，但須撤退金沙江西岸藏兵為條件。

（四）協助西藏劃亹隅、賈隅、波密、察隅為特別邊區，官吏由西藏政府任命，中央給予經濟技術及訓練區內武裝實力之援助，以開發藏江下游之野人區域。

（五）令滇省派兵佔領維西以西未定國界中之可能地帶，以防英兵來侵，並分兵駐紮藏滇商路，以控制察隅。

（六）令川、康軍由巴塘渡河，進駐貢覺、乍雅[23]一帶，以遙控波密。

（七）組織一大規模之科學考察團，包括各種必要之學科，以調查特別邊區內之一切自然及人事之情形。

（八）以精銳武力護送新近由青海方面覓得之第十四世新達賴入藏。

二十七、十、一　珠璣密參[24]

23　今察雅，藏語意為「岩窩」，位於昌都東南約 65 公里處。

24　即歐陽無畏在拉薩所居住的齋舍。

大旺調查遊記

一、前論

淨地吉祥匝日靈　　尬舉本師本尊天　　敬請佉屣羅護法
淨壞業孽障加持　　寂滅壞緣及阻礙　　請降最上大悉地
　　　　　　　　　　　　——宗喀巴　匝日　繞山偈

　　西藏地理區域隨處而異名。各區域中的情形，英國人比土著的西藏人還要知道得清楚些。我們內地，除了工布和達布兩個名詞外，很少人對於藏江南折下游諸地的方向和位置弄得清楚的。自從趙爾豐[1]經營西康時征討波密後，才漸漸地引起人們對於這塊地方的注意，可惜我們對於這方面的工作，中間停頓了三十年了，現在要是拿起人家孜孜不息的成績來看，真是羞死了也沒有地縫可鑽！

　　藏江南折的地方，名為白馬崗（Pad ma-Gang，譯作蓮花陂），折度差不多是個直角。未折以前，北岸是工布，南岸是達布。既折處，和工布迤連而隔江和白馬崗相望的就是波密。波密之南，一直連到印度阿三（Assam）省的邊界的整塊區域，就是趙爾豐派程鳳翔去調查過的察隅。察隅的東邊，正是南北行脈的野人

1　趙爾豐（1845-1911），字季和，清漢軍正藍旗人，曾任川滇邊務大臣、駐藏大臣。

山，接到雲南的北界，所以程氏能由那條路走到雲南的
維西縣。

南折後的藏江的西岸，有一個重要的山峰，名為匝
日（Tsa-Ri），這是黃帽派佛教徒的一個聖跡。我讀宗
喀巴傳，知道他老先生曾在此處修成無上瑜伽之樂輪。
圍繞這個峰的道路有三條，就是頂周、腰周和麓周，
藏話分別叫做 Tse-Kor、Bar-Kor、Rong-Kor。峰頂和峰
腰，平時都有路可通，所以朝禮靈跡修佛事功德的人，
想在峰頂和峰腰繞轉多少周，都有機會能辦得到。惟有
山麓的一周，卻困難甚，因為山麓的周圍延袤很寬廣，
並且東南兩面，盡是野人巢穴。西藏人名這種野人為玀
巴（Lo-Pa），我記得一本外國書中說他們是獨立玀玀
的一支，血統很近印、緬種族。我想或許是不錯的，因
為他們是不能和川、滇邊界的黑白骨頭混為一談的。繞
行匝日的人，就拿野人的殘殺不計，這山麓的周圍，盡
是深密的森林，簡直無路可走！西藏政府每逢申年，就
須預先集中牛、羊、布帛、食鹽、鐵器等等，於陰曆四
月間趕到野人交界處犒賞他們，必滿其慾，然後才由野
人開路，攔阻的樹木盡行砍倒，迎面的崖壁鑿梯縋繩。
真是所謂逢山開路，遇水搭橋，這樣才能使十二年一
遇，而久渴待等的成千成萬的善男信女跟隨野人們一繞
這匝日之麓！聽說野人們每搭成一座橋，就攔據橋頭，
伸手向這些隨來的繞山男女要買路錢，不給錢的不讓過
橋，這些好容易十二年一望而得修大功德的人，敢說不
給錢嗎？祗得忍氣吞聲的奉獻了。野人等給了錢的人完
全渡過了，便立刻把橋拆毀，為的是怕落後的人不出買

路錢過橋而白撿便宜！所以一年過去了，這條路的橋樑，仍是和未來以前一樣的沒有一座，這樣野人便可每個申年飽拿買路錢！十二年中，這條路上的樹木又長滿了，路仍就沒有了，崖上的梯繩都劅蝕了，無論怎樣都繞行不通，所以必須期待到第二個申年。地理情形既是這樣的荒棄，旅行的機會又是這樣的困難，所以我敢武斷地說，內地人竟無人曾經繞行過這一周匝日之麓呢！──除開三個哲繃寺的漢僧：山東了空、北平大月、康定永楞。他們曾於民國二十一年（壬申）去繞過一回，上面關於野人的那些話，還是三人中的一位親自述給我聽的。抱歉的是沒有見到他們的詳細文字記載，希望民國三十三年（甲申）時，我們有福拜讀關於這方面的記載文字。

言歸正傳，匝日的東北直抵藏江，從折點角心迤南的一條江岸地帶，這個區域就是白馬崗。牠的西鄰，也是匝日正北，這個區域是達布。匝日南麓和偏西一個區域，就是賈隅（Jayul）。匝日的西邊，較東部的地勢要高，一部分是達布，一部分是業（Nye），一部分是這隅（Treyul），一部分是賈隅。匝日的東南麓，直抵藏江，盡是野人地帶。這個地帶，或說是屬於賈隅的一部分，或說是一個獨立區域應另予名稱，這到不管牠。可見匝日峰是正處在達布、白馬崗、野人區和賈隅四個大區域的中心點了。雖然匝日峰在藏人眼光中，不過覺得峰頂有一個上樂宮（Demchopodrang），無非是一個聖跡或修道所在，但我覺得如果置身峰尖，左向一望，那條渾渾灝灝的藏江流出國境，南下注入印度之普拉馬普

特拉江（Brahmaputra R.）。江東岸的察隅，邊界上聞
說很有些自由進出國境的藏、印負販貿易，東南迤連的
正是久已甌脫的野人山脈，英國人的勢力，是可以隨隨
便便衝進來的。右向一望，西南迤連到賈隅的，正是
後戶大大開放了的叢隅（Monyul，官書上有寫作麥隅
的）。挨到叢隅的，又是一個久已甌脫的不丹屬國，英
國人的勢力，也是可以隨隨便便衝進來的。在左右兩股
侵略勢力平行衝進的交點就是這個匝日峰，所以匝日峰
成為藏江西岸的重要的山峰的原因，就是這點。現在英
國人圖謀西藏的鷹犬是哲孟雄[2]人，焉知將來的鷹犬非
不丹人和野人呢？況且邊界上的野人最是禍胎，此捕竄
彼，彼逐逸此，滇、緬邊界上，我們已經吃了幾十年的
苦虧和教訓了，現在我們不能不在這些邊界上預先加以
密切注意！如果我們預先把這些野人治理不好，沒有辦
法時，他們不像哲孟雄人僅僅為禍於西藏，他們能夠替
英國人作嚮導，直接禍我滇北和康中，那才是我們的心
腹大患呢！如果我們的算盤有遠大的打算的話，我們要
保康、滇，就必須要力謀藏江下游的安全。要謀藏江下
游的安全，就必須要認識匝日山脈在這段國防上的重
要，我們要經營這個匝日山脈，使他成為良好據點，不
但可以使英國從野人山和不丹衝進來的左右平行侵略勢
力永遠得不到聯絡，並且還是保障整個西藏領土的最高
根據地！除開經營這個根據地，同時重要的還有兩件
事：「在內政上，對於野人要有良善和澈底的治理辦

2 即錫金之舊名。

法。外交上，要誓不承認英國保護不丹的非法現狀」，願同胞三復斯言。

中國在西藏是失敗了！我很沉痛地說，我們失敗的原因是很多的，由於歷史的，經濟的，政治的，國防的，心理的……一切，一切，雖人有百口，口有百舌，亦不能一一舉而盡言之。我曾經聽到過幾種辦藏事的成功要訣，有些人說：「從前的失敗是因為辦藏事的人，都是犯官革吏，以後我們再不能派遣這種人去駐藏辦事了！」有些人說：「祇要中央調遣一師人開進藏境，藏事就能立刻解決，因為西藏人是最欺軟怕硬的！」有些人說：「應當好好研究藏文、藏語，因為這樣就可以容易通達藏情，辦理自然順利了！」這些主意，合攏來都要得，一個個分開來幹，都要不得，因為都是一偏之見。偏偏藏事敗壞得最無法收拾的時候，正是這三個條件都齊備完在的時候。誰都知道藏事的一敗塗地，滿清的末任的駐藏欽差大臣聯豫是要負百分之百的責任的，但是，第一、聯豫不是犯官革吏；第二、鍾穎駐藏陸軍全部，加上欽差大臣衛隊和乾隆末年以後駐定永不調防的綠營制兵，三股合湊也不下一師人數；第三、欽差大臣幕中的「藏文專家」真是滿坑滿谷，學識淵博，那裡是今日這些後生小子所可仰望於萬一的呢！然而我們究竟是失敗了！我很沉痛地說，五十年來的漢藏關係，祇可以拿一個極簡單的比喻來形容，可以說是賣淫的寡嫂管束小姑不許偷漢，當然是越管束姑嫂越反目了！好是現代社會是不重貞操的，依照分工合作的社會學原理，我主張我們現在的政策要賣淫的儘管賣淫，祇要不生爛

瘡；偷漢的儘管偷漢，但不准絲毫倒貼！這個名堂叫做各取所需，也就是分工的幹法。寡嫂要幫助小姑成人自立，小姑要服從寡嫂的教養訓練，大家和和氣氣地過日子，這個名堂叫做各盡所能，也就是合作的辦法。那麼現在最要緊的，還是瘡爛的趕快醫治，貼失的設法找補。從此以後，再不蹈從前的覆轍，有希望的前途，實大有可為呢！

現在我要舉些事實來說明這個比喻。滿清政府是一個最無貞操的政府，鴉片戰爭的失敗，就染上了第一個被強姦的毒瘡，從此就慢慢地爛開了！太平天國不失是一個革命的潮流，極力地在禁止鴉片。然而太平天國的失敗，中國人說是異端邪教，違聖棄道；外國人說是竄改《聖經》，故天父棄之，天兄殛之。其實這些都是偽善的士君子們任性誣加的考語，太平天國失敗的真正原因，還是清廷簽訂的一紙《天津條約》！這一紙條約的背幕，就是允許外國有貿易的自由——包括鴉片貿易在內——從此就有洋兵吃天朝的俸餉，洋將戈登就花其翎而黃其褂的當上了提督。太平天國亡了，中國的鴉片毒素從此更深，無法湔浣，中國的主權損失，從此潰爛得不堪收拾，這不是滿清政府自動賣淫的結局嗎！如果是一個有貞操的，鴉片戰爭的中毒是因為鴉片而起，以後就要不共戴天地禁絕鴉片，然而滿清政府竟是忘棄大仇，所以《天津條約》就公開地允許外人有鴉片貿易的自由，我們還能說她不是自動賣淫嗎？從此以後，滿清政府就蔑棄貞操了！賣淫之例一開，以後接接連連地一次對外戰爭，就添一個瘡就多一層毒，就更潰爛一次，

直到庚子之役的《辛丑條約》的賣淫情形，可算是來者不拒，大肚包容！一紙《中俄密約》，簡直是一根淫籌。賣淫賣到這種地步，還有什麼辦法！「上樑不正中樑歪，中樑不正倒下來」，這是千古不磨的名言。於是多爾吉夫（Dorjiff）[3] 來了，榮赫鵬（Yonghasband）[4] 來了，柏爾（Bell）[5] 來了，你難道有力量去禁止西藏不偷英、俄兩個大漢嗎？

　　什麼鳳全，什麼張蔭棠，什麼趙爾豐，什麼聯豫，你越逼緊，她越和你反目。結果欽差跑了，軍隊遣散了，類伍齊失了，昌都失了，德格失了，希姆拉會議召集了，英國大叔作了保姆，西藏人感激英國人沒齒不忘，買了英國人的軍火，付不起價，英國就伸手要賷隅和賈隅兩個區域作抵償。於是西藏人才覺悟到哲孟雄貼出去了，不丹貼出去了，英國人胃口大了，開始懊悔起來了！朋友呢？俄國要建設，中國要抗日，廓爾喀太渺小，大批英國人到了大旺紮營了！一齊恐慌了！

　　這就是我走賷隅的機會來到。

3　即德爾智，全名阿旺洛桑德爾智，又名佐治野夫、多吉也夫等，出身沙俄時期布里亞特的格魯派喇嘛，第十三世達賴喇嘛的親信。

4　即 Sir Francis Younghusband（1863-1942），英屬印度軍人、探險家，1904 年率領英軍進入西藏，後與西藏政府簽訂《拉薩條約》。

5　即 Sir Charles Alfred Bell（1870-1945），外交官、西藏學家，曾任英國駐不丹、錫金、西藏專員。

二、藏江皮船

> 尋覓文章換飯錢，羈愁人醉柳如煙；
> 山雪薄同遼水岸，江濤緊比漢川前。
> 袈裟托鉢長征處，風雨遮人半黑天；
> 悽絕心情無放地，漫空懊惱載皮船。

　　由拉薩去疊隅，是必須要經過翠南（Tsoe-Na）的。拉薩走翠南的道路，本來有好幾條，我預先也沒有選擇定走那條。恰好有幾個朋友要到絳巴林（Jam-pa-Ling）去趕集做些買賣，他們的貨從水路裝皮船下運，人隨貨走。皮船是雇現成的。我呢，落得借光沾些便宜，因此決定和他們由水路先到絳巴林再說。

　　就在一個陰天的下午，正是我們素常洗澡的地方——義敘林噶（Ni-Shu-Ling-Ka）河隄的缺處踏進了皮船。一共是九艘，我們的一艘是先鋒，魚貫而下，頗有日本人軍用橡皮艇的氣概。可惜旅居在西藏的我們，並沒有日本人在中國湖沼地橫行般的威武！好在正值大雨之後，河水高漲，船也快，我們眼看著拉薩的隄岸向右方移動，人在船上舒服極了！我幻想著由拉薩可以藉江河之助，直像這樣舒服地淌出印度境內，在孟加拉灣中找一個西藏出海的口岸。未來的西藏繁榮，真是未可限量呢！大招暫別了！船擦過藥王山的崖腳，有些簸動。我還在幻想，忽然聽到船底沙沙地作響，船立刻被淺沙罣住了。我計算才離開的出發所在，相距僅十里過一點兒的遠近，這一點兒距離程間，河中便有阻船的淺沙，

才令我由幻想中醒悟過來，覺得這條水路是沒有多大希望，於是再不想到孟加拉灣中去找海口了！

在水面上，望哲繃寺好像在雲端裡，全部白堊的建築，整齊排列著的幾千個窗戶，層層疊疊的高樓，和樓頂一縷縷青煙吹入白雲中，象徵著她的聖潔、廣大、莊嚴、幽奧和美妙。我雖在哲繃寺住了四五年，我從未對這個五百多年的古寺發生美快之感，但是今天我是領略到了，不由得我不喜歡而流淚！

皮船移出拉薩的範圍後，一會兒過了童尬爾宗（Dur-Kar-Dzong），望見噶東寺（Ga-Dong）[6] 了。河道由正西而屈向西南，北岸是堆隆（Tue-Lung）峪口的大片平地，南岸臨河有兩個斷崖，其一之上有些房屋，這就是留種（Leu-Dzong）了。崖後有點小村落，但人在船上是望不見牠們的。一過堆隆河口，河面更寬了，水勢也加大了，更散漫了，沙也多，我們的九艘皮船，就有一半被陷住，費了很大的力才搬開。這時，南岸是一個大山坳，坳口是桑達莊，坳裡半坡上是昔時尬闌派（Ka-Dam-Pa）的著名的桑鋪寺（Sang-Pu）。[7] 現在，黃帽派的拉薩三大寺，合攏有二萬僧人上下，每年在大招開無遮大會，目擊者尚以為像教盛事，其實比起當年尬闌派的三大寺——桑鋪、爵爾摩隆（Kyor-Mo-Lung，在堆隆峪中）和噶東——在桑鋪寺開的無遮大會有十一

6　修建於 13 世紀，是當時拉薩寺院六大閉關修行聖地之一，宗喀巴曾在此閉關修行。

7　即桑浦寺，由阿底峽弟子俄·雷必喜饒建於 1073 年，初屬噶當派，15 世紀後改奉格魯派。

萬僧人，已經是不可同日而語；再比起玄奘法師傳裡所記述的，戒日王開辦的無遮大會有四十萬人。那麼，黃帽派的二、三萬人，實在是渺小得很！教法日漸衰微的情形，在我們身當末劫的人思想起來，自不然而要傷心落淚了！

當宗喀巴雪山學道時，首先就在這寺內修煉智慧成功，得見具音天女（Yang-Chan-Lha-Mo）。隨著宗喀巴派佛教的興盛，這寺終久也就歸併於黃帽，現隸屬於甘丹寺[8]的東院。每年除了陰曆四月間，拉薩三大寺的少數僧人趕去結集一下外，平時沒有任何道場。寺的後山有小規模而茂密的森林，據我的調查，在拉薩周圍二百里路以內，除了熱振寺[9]的大柏樹林外，就祇有此地是森林了。過了這個桑達，北岸就是業塘。

現代的業塘，是藏印大道由拉薩南起的第一個宿站。在歷史上，業塘也是一個著名的佛蹟。原來，西藏也像歐洲一樣，在歷史上經過一個黑暗時期。西藏的史書上，把這個黑暗時期的前後分別名之為前傳和後傳。由黑暗時期而進入後傳時，也相當於歐洲的文藝復興時期，那時西藏復興的大師，唯一的就是著造《菩提道燈論》[10]的阿提沙吉祥燃燈智菩薩摩訶薩了！他在西藏教法上的地位，好像達摩在漢地教法上的權威是一樣的。

8　全稱「卓甘丹南巴傑衛林」，意為「喜足尊勝洲」，由宗喀巴創建，為格魯派的第一座寺院。

9　由阿底峽弟子仲敦巴於 1056 年創建，為藏傳佛教噶當派祖寺。

10　阿底峽之代表著作，針對 11 世紀常見的七個佛教疑難，逐一分析解釋。

他由印度到西藏，一來就來到了業塘，在業塘一坐就坐了十二年，直到他的死。他是親證《度母》的，現在業塘的廟裡，還供著他親身從印度帶來，曾和他日夜不離地說話的那尊度母偶像呢！得他正眼法藏的弟子章敦巴（Brom-Ton-Pa）大師，尬闡派的二祖，也是在這裡結識的。所以他就是尬闡派的初祖，他圓寂後，弟子們把他的肉身瘞在塔裡，一直到現在，還好好的保存在業塘廟中。所以這個業塘，在歷史上是一個佛跡——因為她是尬闡派的發祥地！

皮船一過業塘後，就平穩了。因為河道相當的規則，而河床也深的原故。北岸距業塘四十里路的光景，又是一個大山坳，地名為絳（Jang）。坳口有上下兩莊，就名為絳堆（Jang-Tue）和絳昧（Jang-Mad）。坳裡有絳寺（Jang-Gon-Choe），這個寺，常年殿門封鎖，祇有寺鄰三兩舍野老，和著秋風敗葉，才聽得到些斷語殘聲，否則連幽靈也不光臨的地方。但是每到冬季，三大寺的僧侶，真是肩摩踵接，徒步跋涉負笈而來。從陰曆十一月初一日起，十二月十五日止，整整四十五天的結集因明道場，主要的課本是那部四百多葉的嘉察達爾瑪仁欽（Gya-Tsab-Dar-Ma-Rin-Chen）著造的《量釋明解脫道疏》（*Rnam-hGrel-Gyi-hGrel-Ba-Thar-Lam-gSal-Byed*）。[11] 笨人從這裡學乖了，淺人從這裡學深了，儘管三藏十二部一句也不看，祇要將這本四百多葉的疏論

11　即賈曹・達瑪仁欽所著《釋量論釋》，為藏傳佛教格魯派學《釋量論》時最主要的教材。

知道個微言大義，包管在拉薩三大寺間盈些聲望，掙得善知識的虛名，和迎面來的偽恭謙的禮貌！

我主張是個僧人，人人應讀此疏！但是不應唯以此疏自滿。我更主張，凡是研究佛學的人，甚而凡是研究哲學和思想的人，亦人人應讀此疏！一個佛教徒要是檢查自己的信仰，發覺到有對釋迦不忠實處，應讀此疏！一個要想對於佛陀教理加以反駁或辯難的人，應讀此疏！學理是公開的，是虛心的，佛說四指示原有「依義不依文，依法不依人」兩條，可惜後來的坐井觀天的學者太多，漢地的佛徒禁錮於語錄、述記，藏地大德被圍於院課、師說，其桎梏人類思想之罪大惡極，實不下於焚書坑儒和表章五經！攻擊西藏教法的人，說是中毒於密宗，這樣說起來，等於說儒教給理學弄壞了一樣地沒有充分理由，其實根本毛病都在於思想上作了萬死的奴才！要針對這個病症，還是要在陳那、法稱的幾部論上用用功，還要請這些養尊處優慣了的活佛們開開風氣，研究研究洋因明！

我大聲疾呼地說，西藏的教法不應再錮守於雪國裡頭，應當把頭掙到喜馬拉雅山門外頭看看以廣廣眼界了！我很悲痛地，我不能在西藏的廣大龍象功德海中，找出一個認識漢字的善知識！薩迦貢噶堅參（Sa-Kya-Kun-Ga-Gyal-Tsan）和章嘉若杯朵結（Kyang-Kya-Rol-Pai-Dorje）[12] 是已經不會再生了，所以現在西藏的拉然巴（Lha-Ram-Pa）、錯然巴（Tso-Ram-Pa）、高

---

12 即章嘉·若必多吉（1717-1786），第三世章嘉呼圖克圖。

矩巴（Kab-Chu-Pa）、林塞巴（Ling-Ser-Pa）、朵然巴
（Do-Ram-Pa，西藏格喜學位等級之名稱也），[13] 祇有
江河日下地一蟹不如一蟹，自然而然地一本四百多葉的
《量釋明解脫道疏》就滿足了！

　　現在已經看到札什則（Tra-Shi-Tse）和矗立在危崖
巔的曲水宗（Chu-Shul-Dzong）了！這條從崗底斯大雪
峰上跑下來的鴉魯藏布江在這宗前和我們請了早安！
水勢很急，皮船有些搖幌，船夫輕微地嘯著曲子，悠閒
地、輕量地南蕩了一截。河中大塊細沙露出，水光明
滅，南岸現出一角紅樓，這是貢噶（Gon-kar）。[14] 皮船
擺過角度，向正東駛，兩岸的山，微微帶些紫色，煊染
上晶瑩的天，亂堆堆的灰雲，偶而幾只水鴨，戛聲掠船
飛過。

　　這條江，對西藏人是沒有什麼幫助的！就拿我們這
艘皮船來說，擺在江心，簡直是滄海一粟，吃水還不到
一尺五寸，論理應當順流無阻。可是，這船一會兒搖靠
北岸，一會兒溜傍南崖，船哥哥忙過不了，遂免不了
要罩在沙上！這條江，源尾兩頭的情形，我是不曉得，
中間一段，起自朵毘（Do-Bi）抵曲水，中間容納了耶
隆藏布（Ya-Lung-Tsang-Po）水、朵水（Do-Chu）、夏

13　格喜即「格威喜聯」的簡稱，又名格西，意為善知識，是藏傳佛教
　　格魯派僧侶的學位名稱。朵然巴為第四等格西，意指在佛殿門前台
　　階上經過辯論問難考取的僧侶。林塞巴為第三等格西，意指從寺院
　　裡選拔出來的有才華僧侶。錯然巴為第二等格西，指已學完五大部
　　十三級課程的格西，經寺院考試及格者。拉然巴為第一等格西，指
　　已取得多然巴學位的格西，經拉薩傳召大法會考試及格者。高矩巴
　　為日喀則札什倫布寺所授銜格西，需精通五部大論。
14　今貢嘎，位於拉薩南南西約 40 公里處，雅魯藏布江南岸。

爾曲河（Shar-Chu）、孃曲水（Nyang-Chu）、南陵藏
布（Nam-Ling-Tsang-Po）、達姆河（Dam-Chu）、讓
水（Rang-Chu）和衛河，都是西藏著名的大水。流域
中所有的峽谷河岸，盡是不毛之地，積淤堆沙，沖刷又
沖刷不了，濬導更談不到。衛河因為峽谷的坡勢較陡，
水流的沖刷力強，所以積淤遂少。皮船下駛尚還順利，
惟有這段藏江，東西幾百里沒有什麼坡度，高處淌來的
沙，借不到水力沖刷，祗好聽其自然的淤積罷了！如果
這條江不是這些淤沙的話，我們縱然不敢奢望在孟加拉
灣中找個海口，至少用民船或小型汽艇來裝運工布、達
布的糧食，以濟拉薩的匱乏，也還是一件功德事。現在
我既親身經歷了這個有名無實的藏江中的皮船航行，連
運糧食的最低希望也粉碎而幻滅了！

河道是相當規則的。沙岸平移，煙柳拂頭，疏疏落
落的十幾株大柳，柳後隱著一道矮矮的白牆，牆內聳崖
的層樓飛閣，這就是朵接札寺（Dorje-Dra）[15] 了！四五
層的樓房，高高地嵌在峭壁上，懸崖間搖曳地擺著飛
樓，顫顫欲墜，這是西藏式建築的特色。是一個舊派寧
瑪教（Nyin-Ma-Pa）的寺院，寺院的內部情形怎樣沒
有人能告訴我。在西藏要想得到一個寧瑪派寺院的內部
情形，是異常困難的。差不多的人，對於寧瑪僧侶都認
為是魘蠱邪道，避之如魔鬼蛇蠍，不肯去親近他們，當
然不屑於去領教他們的內部情形。而寧瑪僧侶自身也故

---

15 今多吉扎寺，修建於 16 世紀晚期，為藏傳佛教寧瑪派六大寺院
之一。

示人以不廣，總喜愛保持他的那種特異的、神秘的行為，自然更不願意坦白地告訴人們以他們自己的行動了。其實雙方都是不對的。試想漢人要不是周公、孔子，三千年來怎夠號稱一個禮義之邦？西藏要不是蓮花生大師來開創寧瑪，那麼，今日的西藏民族，還能像個人類嗎？寺的附近，有過江擺渡的木船。寺後的山，名為常古拉（Tram-Gu-La），向北翻這山下去，正是拉薩對岸的策雀林寺（Tse-Chog-Ling，寺匾上的漢名是崇壽寺）。[16] 距離的遠近，大約有一天的路程，不過聽說道路情形很困難，牲畜尤其不易，將來有機會定要試試的。

由寺再沿江下駛，大約是半天的路，就到了札囊峪口的孃喀（Nyang-Kha），去絳巴林就在此處登岸。水大的時候，由拉薩兩天到此，如冬季水小時，怕四天也到不了。起早走的，通常是翻札拉山（Dra-La），皮船渡江過來，否則就要經德慶（De-Chen）翻郭喀拉山（Gor-Kha-La），經桑耶寺（Sam-Ye）和孜塘（Tse-Tang）兩地，可是這樣就繞遠了。還有經由朵接札寺的，除了翻常古拉山之外，尚有沿藏江北岸拐進衛河的西岸，一直到拉薩的對岸才渡河，這樣也不過四日可達，並且沒有翻山的困難。如果由業塘、曲水那邊沿岸上走，走到曲水的上游擺渡過江，然後再沿江南岸東下走來，路是最平坦不過的，可是太繞遠路了。除了自己

---

16 即策覺林寺，全名為次覺扎西桑旦林，與丹傑林寺、策墨林寺、功德林寺合稱拉薩四大林。

覺得壽命很長的人，誰也不願意作那白白糟蹋光陰的笨伯事！

　　皮船是西藏特有的一種水上交通工具，也不曉得是那位佛菩薩發明出來的——西藏人每有一種製作，必須托始於某佛或某菩薩，就像漢人之托始於古聖帝王的伏羲、神農、黃帝、堯、舜等的情形是一樣的——船骨是用有彈性的荊條，以兩根為經，六根為緯，直角交叉，用皮繩縛緊，彎曲其端向上，連繫別一荊條於各梢，這樣船骨就紮好了，其形狀就宛如小兒鬧元宵的兔兒燈的簽架。再用牛皮兜底緊繃，邊貼梢緣，上窄下寬，又像個洗筆，這樣這個皮船就可以舉行落水典禮了！好船不過用四張整皮，劣船就千錐百孔，補了又補。船骨上彎的荊條蒙上牛皮就豎立起來，成了皮檣，其餘就無所謂艙，無所謂篷，也不用桅帆，也不用舵，有一付雙槳，就夠用，有時也湊付裝下兩千斤重的人和貨。可惜牛皮一乾的時候，性脆易裂，航行時萬一船底軋到有稜角的尖石塊時，立刻就刮破一個小孔，於是船夫馬上用一團羊毛去塞住那小孔，立刻就要攏岸，另外拿小塊牛皮打補釘。萬一裂口過大，不是羊毛能塞堵漏罅的話，那祗好白白地瞪著眼看著水漏進船來。人呢？祗好聽天由命罷了！誰都知道，當船夫是需要熟習水性的，富春江著名的險灘上也不知觸沉了多少船隻，但船夫們總可以設法救住自己的性命的。但是西藏的船夫，是一百個人裡有九十九個是不習水性的，皮船遇險，他也祗能替河伯抬新娘子嫁妝去！

　　我從前由蘭州坐黃河牛皮筏子經過一百二十里路長

的桑園子峽時，什麼大小照壁、老洋人、豬窩、狼舌頭、棺材石等等，頗是心驚膽碎，覺得一百二十隻牛皮胎縛攏來的筏子，隨時都有鬆散的可能而淹溺人死！現在初坐皮船，在遠航的起始時，坐在船裡頗覺舒適安穩，要比牛皮筏子安穩得多，但當我終止了這個皮船遠航，離開船到岸上一仔細觀察這種船的構造時，不禁汗毛都豎起來了！比較起來，到底還是牛皮筏子的構造要保險些！當我看到那些船夫常常牽著綿羊給他們負糧食，而把皮船背在肩上，起岸走四、五日上水路後，再重新搭客載貨往下水放的時候，我不禁暗暗地想到，他們是以自己的生命為骰子戲的！

三、孜塘

> 行共白雲臥白雲，江山空闊抖禪裙；
> 炊煙流水情無著，古寺遺黎劫已焚。
> 麥浪鵪鶉鳴破碎，菜花蝴蝶夢芳芬；
> 依稀了得休和幻，佛性魔魂本不分。

札囊（Dra-Nang）峪靠著札囊水（Dra-Nang-Chu）的灌溉，農產很茂，金黃的菜花，油油的小麥，暗綠的青稞，結實的荳莢，是峪中四種主要作物。峪中村莊，絡繹不絕，近峪口較大的一莊，名為札塘（Dra-Tang），絳巴林寺即正對著這莊的東山的腰坡上。寺上最觸目的建築，是一個終日被陽光覆照下的金頂大白塔，驕傲地矗立著，強度的陽光，經牠的白色的外衣的

反射，頗有些刺目。就在這塔的坡台地上，每年從陰曆五月二十八日起，一連七天的大會集，遠道的不丹人帶來大宗的稻米，趕至此處做他們一年一度唯一的西藏買賣。工布和三十九族到這裡，用他們帶來的酥油掉換所需。藏北的遊牧民族除了酥油外，還馱來不少的鹽。我們漢人在這個集期中的力量，是表現在大宗的川、滇茶和平貨上頭，再就收些野牲皮毛回去。我們更應注意錫金人和不丹人帶來的洋貨中，英、印出品沒有日本貨的銷場好！在這一集期中，執牛耳的商號，還是一位姓馬的滇商所開的世順和號！此外還有一件小事，原本無記載的必要，就是有一位北平的青年商人，在這裡設了一個零售小肆，並且娶了一個藏女，大概是要樂不思蜀了。我覺得一個赤手空拳的人，能夠跑到很遠的地方來創立一份家業，像一個栽下根子的細胞一樣，原是一件很不容易的事情。當我們的國家沒有一點力量來顧問西藏問題的時候，得不到一點背助或協濟的青年人，能有這樣的成就，不能不說是我們民族能力優越的表現。如果我們的國家有力量來顧問西藏的時機降臨，這點細胞還不會發酵起來，變成一種絕大的力量嗎？

現在是徒步的開始，一直返到拉薩才終止。

由札囊峪口傍著江岸向東幾步，就到張達（Chang-Da），是一個三家小村。再東一個村莊是葬仲（Tsang-Dron），村口可以望見敏珠林寺（Min-Dru-Ling），淌出來的溪水就名為敏珠林水（Min-Dru-Ling-Chu）。水勢散漫得很，水上雖有一架丈把長的小橋，仍須涉水，約莫有半里多路，才能離水而登乾道。乾地上一個較大

的村子名為叢堆（Tsung-Tue），過了這裡，道路就漸漸地擺在沙灘上了，舉步滯重得很。著雪（Dro-Shol）莊實在是沙漠中的青草，因為除開這莊中的幾塊農田外，沿途是看不見一顆植物的。隔著江已望見那個西藏最古的大寺——桑耶，林木蔥蘢，恨不得飛過彼岸，但是望望江心一條皮船也看不到，可見這段江裡的淤沙之厚了！在瞞噶戎（Mon-Ga-Rong）峪口的沙，簡直堆成了高丘，一大片平地，完全讓沙給遮蝕了。沙丘有達十幾丈高的，蜿蜒重疊，道路也看不見，有時踏著羊蹄跡前進，會將人帶到沙的深心處，迷誤得不容易走出來。正式的大道，須繞過這塊小沙國的外緣，統計起來，沙丘前後怕有五十里路內找不到人家。沙路的盡頭，又是一大片沮洳，江水流到這兒，沖力很大，我看到江心中的幾塊突出的沙，原是岸上的田地，被江水沖斷後才隔絕開的。現在又要衝毀大路了，幸喜近百顆的老柳，咬住了隄岸，結果這段隄岸好像一根長舌頭伸出江心，一個近百家的村子，名為葬曲林喀（Tsang-Chu-Lin-Ka）的，完全寄托放在這根舌頭上，這是多麼危險的事！因為江水已經逼直地對準了這根舌頭的舌根上力沖，終有一天會將這根舌頭沖斷得和岸上隔絕，我不禁預替這百家人的財產生命擔憂呢！

一過葬曲林喀，路才硬起來，大路兩傍長滿野刺。走完野刺地，就望得見孜塘的樹林了，眼睛裡看到這樹林就在前面不遠，心裡曉得就快要到孜塘了。其實走起來還很費功夫，望得到而走不攏，人愈著急而腳底愈遲滯。好一半天，才到接薩拉康（Je-Sa-Lha-Kang），是

一個薩迦派的小廟，大殿中塑著三世佛，其餘就沒有什麼可觀的了。

這兒離孜塘還差十里路的光景，不過是已身入好境中，溝洫縱橫，田疇密佈。一路穿阡越陌，遮頭的灌木矮牆，流水潺潺，祇能從樹杪望到青山的峰頂，再不像來路那樣的枯燥乾燠了。過一木橋，豁然開朗，現出一片深深的、長長的、大片的平地，峪口的那區東山，由南迤北拖得遠遠的，把江水逼開，屈了一個腰直躲著緊傍向北岸的崖根淌下去了。真正的孜塘鎮，就在山的迤出部分的坡下，由札囊到這兒，差不多是兩天的路。

按照西藏自己的地理分區來說，通常孜塘、札囊、翠南、拉康（Lha-Khang）這些地方，統統名為山南，藏話稱為洛——這個字應當讀作「洛火」，一個怪怪的複音——大概指著拉薩南面的那區山以南的地方，都屬這個區域。那麼整個的山南區的四界，東應到達布，東南和覃隅交界，正南和不丹交界，正西直抵羊卓雍湖。[17] 羊卓雍湖的周圍，總名為羊卓，又另屬一個地理區域——北面隔江和衛中心區為界，面積是相當大的，政治上設上一名總管，藏話稱為稽恰（Chi-Chab），駐在山南區的中心地方，地名為策瑣巴（Tse-Sog-Pa）的所在。他的地位，相當於內地從前的道尹和現在的行政督察專員。

在我所知道的藏江流域中，孜塘實是第一個農產區域，附屬的村子不算，單單鎮上就有五百多戶人家，並

---

17 即羊卓雍錯，與納木錯和瑪旁雍錯並稱三大聖湖。

且因為交通相當的便利，頗有些小經營的商業，街上也開著十幾家雜貨鋪子，出售些拉薩運來的再販品。滇商世順和、平商興記在這裡都有分莊，可惜興記的那間鋪面是萬年關門大吉，不知何時才能開張交易，據說是因為沒有坐莊的夥計的關係。我想國家如果真是一個有組織的經濟機構的話，祇要他們不從北平運來走私的仇貨，是值得以合作的方法作為他們的有力後盾的！

此外，本地出產一種毛織物，藏話稱為特利嗎（Tel-Ma），從抓毛撚線直到成疋，完全是手工製成，柔軟光潔，乍看真同洋貨的嗶嘰一樣，紬滑耐久，比嗶嘰還要堅牢。出家人用作袈裟披單和禪裙，在家的用來作外袍，不過要有錢的人才能穿得起。雖說全西藏境內到處都在織特利嗎，然而最上品的還是要到孜塘來找，並且孜塘還是集中得最多的所在。由這裡特別織來給達賴喇嘛進貢的特利嗎，據說完全是揀選羔羊的生殖器部分的軟毛織成的，可想見活佛們身上的一絲一縷，也是來處不易了。

前清時代在這裡駐過兵的，因為我看到鎮口一大片廣場，場中有好幾排傾頹了的平房，我推想這就是營房了！那時漢人居此經商的很多，在此購產落籍的差不多有六、七十戶，他們內部很有團結，逢有地方事，就推舉出鄉約來領導著幹。可惜反正後遭到西藏人的襲劫和狙殺，漸漸地散失逃亡，田產蕩然。現在祇剩孑遺五、六戶，完全陷在悲慘的境地裡過生活，要不是到山上去一瞻關帝廟，還無處憑吊他們先民開拓的功績呢！

當我走近廟時，一隻黃犬駒睡大門外，兩根桅桿，

頭也歪了，刁斗也落了，寺門虛掩著。我推開門走進去，滿地堆些雜物，廚竈殘灰未冷，寂無人聲。兩畦花草，默默迎人，陽光照滿了院子。步上殿陛，殿門閉鎖，我祇能在門檻中向裡窺伺，略一瞻謁，真有不勝天威咫尺和室邇人遠的兩重感想了！找不到一塊碑，望望正中的「乾坤正氣」匾，是嘉慶十二年所立，廡檐貼了一張嘉慶十八年修廟的酬金榜。榜列最受注意的，還是「欽差駐藏大臣理藩院左侍郎正黃旗蒙古副都統宗室玉」和「欽差駐藏大臣鑲黃旗蒙古副都統宗室文」的兩條名銜了。由此可以大概算出這廟的建造時期，大約準是在嘉慶十年左右。

　　當西藏排漢風潮最高的時候，一切漢人在西藏置下的財產和器物，都變成瓦礫灰塵，無復燼餘，但是我曾經瞻拜過的四座關帝廟——拉薩、日喀則、定日和孜塘，卻都保存得完好如新，可見西藏人是最怕伏魔來收伏他們的了！因此我連想到拉薩的龍王廟和新近修成的劉公墓——劉樸忱[18]先生的陰宅—— 一個已經變成西藏財官噶雪巴（Ka-Shoe-Pa）的私邸，一個又將成為乞丐們窩聚的爛棚，希望再不要永久繼續地犧牲，該收回的應趕快設法，該修葺的趕快動工，尤其是這個劉公墓更應切切實實地愛護才好。目前頂要緊的，還是趕快栽植墓園中的樹木，像現在冬天冷得沒有覆被，夏天熱得沒

18　劉樸忱（1882-1935），山西人，曾任蒙藏委員會常務委員、國民政府參謀本部邊務組專門委員、總參議銜，1934 年隨黃慕松入藏致祭第十三世達賴喇嘛，兼任參謀本部駐藏機構負責人，留拉薩工作。1935 年在拉薩意外身故，葬於當地。

有蔭蔽，劉老先生常年禿著光腦袋睡在地下叫苦不迭，有誰來理會呢！

四、耶剌香波

> 耶剌香波之積雪，朝披翠袖暮雲裳；
>
> 仙人疑住藐姑射，靈慧應尊石敢當。
>
> 曾見女媧來煉石，斜睨天帝不同床；
>
> 最宜細雨騎驢望，恍惚朝天一炷香。

由孜塘南行進峪——耶隆峪（Ya-Lung），[19] 沿著左麓行一段兒，過葉董（Nye-Dong）小莊後，大道在田畝的中間，平直寬坦，道傍有溝，引水灌田，所以這一段的農作也是很豐富。再經常矗（Tram-Dru）寺，[20] 這是紀念第六輩達賴喇嘛滄漾嘉錯（Tsang-Yang-Gya-Tso）而修建的廟宇。廟外四角的道路，都用大青石板鋪砌，光潔滑亮。我除了在拉薩的珠園——藏話稱為諾布林噶（Nor-Bu-Ling-Ka），[21] 是達賴的宮苑——中所看到的石板路外，藏中還沒有可以與此比擬的。楊樹梢頭隱隱現出金頂紅樓，這就是達賴的寢宮了。西藏人民到處修建離宮別館來供養活佛，其實活佛們也沒有這樣多的化身——駐蹕來普施甘露，結果徒然是便宜了那些

19　今雅礱河。

20　今昌珠寺，藏語為「鵬與龍」之意，相傳是松贊干布和文成公主的冬宮。

21　即達賴喇嘛的夏宮羅布林卡。

不成材的爛僧侶來作威作福。他們倚仗著守廟的勢力，橫加民眾以壓迫，民眾除了給政府上糧納貢之外，還要支應這些腐蠹們的衣食。沒有寺院的地方，還沒有這種雙料壓迫呢！

　　眼前岔出左、右兩條大路，右邊這條順眼望去，前途有些偏向西南的峪中去。據說那裡有許多著名的佛蹟，凡是遊方到山南一帶的僧侶，都應去朝拜一下的。但是我呢？醉翁之意不在酒，耶隆朝佛的功德，祇好留諸異日了。順左邊大路行去，漸漸有些偏向東南，避過這兩峪交岐的南山嘴進入深峪，地勢也突見高了，田畝也斷斷續續起來，又觸到濯濯兀兀的兩邊夾峙的牛山，景象枯燥，氣色破敗。回首轉盼愈離愈遠的來路經過的綠野平疇，比較起來，真是有一種說不出的傷心慘目處！

　　東溝淌出一股澗水，赤腳涉過，這個地方名為阿卜（Abu）。道旁有一小寺，就名為阿卜拉康（Abu-Lha-Khang）。再進，又涉一澗水，這溝裡的北坡上有一尼寺，澗水的那岸就是札什崗。過了札什崗，檯頭望到一個雪峰，尖尖的，瘦瘦的，被一些白雲淡淡地罩住，好像是個披了紗的病態美人，這就是耶剌香波（Ya-La-Shang-Po）[22] 了。西藏人認為凡是雪峰，都是些神佛居住的廣寒宮，瓊樓玉宇中不知隱藏著些什麼精靈，每每給雪峰予名的時候，都要添上一個人身化的稱謂。例如崗底斯峰的名字為「崗仁波且」，仁波且是西藏人對於

22　即雅拉香波雪山或雅拉香布雪山，藏語意為「上部守護之神」。

活佛、喇嘛們的普通尊稱；稱埃佛勒斯為「接摩隆」，
接摩是后妃或女帝的藏語；稱年青唐拉的「拉」字，是
天神的藏語；這個耶剌香波在藏人口中，是被稱為「拉
接耶剌香波」的，「拉接」是天尊的意義。因為如此，
所以他們認此為一個虛渺得不可思議的靈山，自然就有
些作俑者謅出一段荒誕奇離的神話出來，可惜我沒有功
夫來詳細理會這個神話的內容罷了！

　　過了哈爾喀（Har-Ka）和達爾興（Dar-Shin）兩小
莊，又涉一澗水，望見對岸高坡上有一尼寺。在這寺
麓，有一小橋橫跨峪水，這就是尼寺出入的御用橋了。
大道在橋的這頭，走一截，又碰到另一橋，這才過橋行
西岸。一連過上下兩個磨房，再過橋，仍回行東岸，就
是達結林寺（Dar-Je-Lin）的大門口了。

　　以後的路，很感崎嶇，幸是牧草和野花的顏色才不
感枯燥。這時望耶剌香波愈真切，愈好看，可是高山積
雲，把牠遮隱得更利害了，但是追求美麗的景色的人的
心情，是越隱藏越急切的。我這才領悟為什麼中國古
時的婦女見鶩生的男子時，就要羅巾掩面呢？原來是要
這樣才好挑逗少年郎向她們追逐的心更加急迫一點啊！
再過幾步，前面又分成左、右兩峪，我們進的是左峪。
由右峪中出來了一幫人，約有二、三十個，原來都是些
喇嘛，他們是朝禮拉接耶剌香波的，已經向沙土雲雪叩
罷了響頭，而繞轉這雪峰以修功德的。據說繞行這個雪
峰一轉，可以百病不生，如果前世裡修行不善的人，今
生還沒有一獲繞行雪峰的機會和福業呢！我想，我今生
雖沒有一繞此峰的機會，但估料明、後日或可繞完牠的

一部分，總還可算是個半福之體了！過橋行西麓，這裡
已是耶隆峪的峪頭了，地名為雅堆（Ya-Tue），[23] 完全
是畜牧世界。大石橫路，呼吸頗覺急促，這就漸漸地登
山。過一小石板橋，山坡上有些刺樹，枯枝就是來往旅
客們的燒柴了。

　　這個耶堆札拉（Ya-Tue-Dra-La）的山口，是東西
向的，所以快登頂時，還要北走一段、東走一段後，才
繞行南面的山包。這時耶剌香波的真像，就赤裸裸地完
全顯現出來，孜塘峪水的源頭，就在這峰的雪堆中覓
獲。可是雪峰並不如遠望時姣豔，一種砣牙咧嘴的怪
像，是無法可以形容的，頓時把我從遠處向牠一顆熱烈
地追求的心，揉碎得比峰上的萬年積雪還要冰冷些！峰
上雪水溶下時，剝蝕岩石的力量是很大的，並且凡是雪
峰都是地形很高，高空的氣候比平地變動激烈，更易促
成岩石的分解。所以走到雪峰近頭，看到淫漫汙潦的雪
水，毫無規則地淌下，和峰坡砰砰訇訇的亂石的滾落，
令人自然而然地會生出一種厭煩之心。如果有點厭世觀
念的話，此時就恨不得立即要踴身一躍，直墜萬丈懸崖
以委身於冰獄中了！我像這樣的對於雪山的經驗，已非
一次，像通天河源、當拉山頂、沙木坦崗日、覺魔崗
尬爾等雪峰，都令人有「遠看十八，近看一嚇！」之
感，不由然而連想到那些大都會中的矯揉做作的摩登老
女了。

　　山頂平地處有一間驛房，是一個僅容一家人戶的

23　今亞堆，位於澤當南南東方約 30 公里處。

石頭建築。這種驛房，藏話是稱之為「札康」（Dra-Kang），因為過這山時，前後有兩天多的路程以內是毫無人戶的，往往有些匪人乘機做些「替天行道」的勾當，亂石堆中時常發現無頭死屍。西藏政府為憫念行旅艱險起見，是故特於此等衝要所在，酌建驛房一所，以資保護，而利交通。每成驛房一所，即指派當地民居一戶管理，免其終身賦役。驛房的作用，僅僅如是而已！如果過路的人，真正遇著了土匪，驛房是無法保護的。尤甚者，這種驛房雖居驛房之名，而實際並不能供給旅行站宿的需求。你如果拿著錢，牠可以賣給你一些牛糞或糌粑，高興理睬你時，還可容許你進屋去燒壺茶打尖。除此之外，在防匪上連個哨望的作用也是沒有的！

驛房前坡，有一小湖，繞行湖的右邊下山，方向略略偏些東南。這段路都是沙土，雖有些盤屈，然仍是很寬平。快到山腳時，望見東北方對峪夾峙的山腰平台地上一個大湖，這就是天帝湖，藏語稱為「拉接日南錯」（Lha-Gyal-Ri-Nam-Tso）。順著那方走去，兩天多路就進入達布境內了。坡麓的淺峪——我予牠的地名為天帝峪，是有些偏向西南方伸展。順著峪水上溯，經過噶爾康（Kar-Kang）、格惹（Ge-Rab）等地，正通業河（Nye-Chu）的上游，也是孜塘、翠南間的正式官道。而我走的卻在峪中橫涉峪水，順著另一條東南向的澗水上溯，進入另一小峪。走到深峪處，方向仍作正南行，這時的地名謂之唉薩（E-Sa）。唉薩的峪地極狹且深長，地勢增高得很快，用眼和腿的直覺，就可測量到比耶隆峪、天帝峪都陡得多。沿途牧帳很不少，良久才

走上札果拉山（Dra-Go-La）的山口。因為雅堆札山迤
南的各水都注入於業河，所以札果拉山的名字前頭還要
加上一個業字，表明這山是屬於業河流域的區域中的。
山上有一個狹長形的湖，稍前下一點點有兩個較小的
湖，而形狀是圓的，並排嵌在大岩石的罅隙裡。從這些
湖的西邊一直下坡，好久，看得清楚腳下有隨著淌下來
的溪水時，這就到了學巴峪（Sho-Pa）了。傍著峪水的
西岸，要走半天，才看得見第一個名為學巴當（Sho-Pa-
Tang）的村莊。從耶隆峪的達結林寺起，直到此處，
中間足足有兩天的路程，完全看不見農田。這莊後的
喀當寺（Kha-Don），是受哲繃寺稽束（Chi-Zur）管
轄的。

學巴峪的下半截，好有些村莊，峪水的東岸，有一
股從東溝裡淌出來的澗水，望到溝裡有一簇樹木很茂密
的農莊，其名為學巴夏爾（Sho-Pa-Shar）。據說由這
莊中深入東溝盡頭翻山，向東北走五日，就可到達布的
古如南接（Gu-Ru-Nam-Gyal）大寺。正東走一日至札
噶（Dra-Ga），又一日走，至烏堅婆章（U-Gyen-Po-
Drang），再過去，就是匝日峰。如果想繞峰腰的話，
來去祇要十二日，繞峰頂去朝上樂宮的話，祇要九日。
這時我簡直心已躍躍欲試，但是責任限制我，不得不拋
開這一個機會，祇好自嘆緣吝而垂頭喪氣地繼續向著翠
南的大道前進。

下行未幾，峪水上橫著一條木橋。走攏這座橋頭，
任何人止不住要稍為站立而猶豫一下，因為有一個亟待
解決的問題亙在眼前。問題是明知道出峪就要涉過業

河，如在冬季水小，踮步涉水是不成問題的；可是在夏天水大的時候，涉水是不行的，必須走攏此小木橋時，立刻過橋。行東岸，出學巴峪，再左折，沿業河北岸東走，要走到稍為下游處，那兒有橫跨業河的大橋。由橋上過到業河的南岸去，這就毋須乎涉水，可是路程就繞得很遠很遠，差不多要多出一天的路來。因為有這種情形，而我呢？又從來沒有來過這個地方，究竟是涉水呢，還是繞路過橋呢？對於業河的情形完全不知道的我，走攏這個小橋橋頭時，當然不由得不猶豫而左右為難起來了！五分鐘後，我決定了，並且下了絕大的決心，要涉水，雖有危險也不顧。因為我對於涉水是很有經驗的，如在通天河，在札克河，在朋曲河，無論如何這條業河的水勢，我推測起來最多也不過如通天河那個陣仗。雖然沒有十二萬分的把握，然而生命是可以保險的，況且此時也不能不讓運氣去嘗試一下了！

　　出來到峪口一望，究竟是股大水，兩岸的河灘就寬展異常，沙路硬實平坦。疲萎的人，經過三天崎嶇的山路，至此不由得精神陡振，三腳兩步趕到河沿，望望水勢，看看滔滔的捲浪，聽聽水底的石塊摩動的聲音，我遂斷定水是不深的，最多不過齊腰幹而已。丟塊小石頭到河心探探，沖力是頗猛的，祇要找一河床稍寬，河底多沙，水勢稍為散漫之處，人面朝著上水，是可以輕容易地涉過去的。於是沿著岸西走，找不到半里路，恰好這一截水正合乎上面的三個條件，於是馬上脫了靴襪，撈起衣褲，鑽下水去，水不過才到臍下，居然平安安地涉過了！

　　既登彼岸，褲子是完全打濕了。面對著河坐下來休息時，一個本地藏人告訴我，這條河下流注入藏江，不禁起了我一個大大的疑團！因為我知道匝日的南面是賈隅，匝日山的東南脈麓伸長得多遠多遠的，根本把賈隅和藏江隔絕在山脈的東西兩麓，所以賈隅境內的水，沒有向東淌出直注於藏江的。這條業河的下游，既在賈隅境內，當然向東流入藏江的可能是沒有的了！如果說到賈隅後北折而注入藏江，那更是豈有此理。除非是匝日的高峰峰麓自動裂開，或洞穿一條長長的引通業河導注藏江的大隧道外，決沒有山麓的業水，會盤登匝日峰頂而飛越向北流注入江的靈異怪事出現在世界上的！我禁不住盤問那人關於附近道路的情形，他告訴我：「由此東去，過業河大橋，到桑誐闕林（Sang-Nga-Chos-Ling），由那兒繞登匝日峰頂或峰腰，可通至達布同工布兩處。」這話不是明說由業河赴達布和工布，尚須繞登匝日山頂或山腰，而藏江且更在達布的北境，怎麼這條業河反會中間拋離了匝日山的阻礙而直接流入藏江呢？可見其言之自相矛盾了！最後我才知道那人是完全沒有到過他嘴裡所能說出的地方的人，是個出境不逾百里的自為聰明的先生。我半天和他廝纏，實在白白地糟蹋了我的寶貴的旅行時間。一直回到拉薩後，我參考了許多地圖，才證明了我這個疑團不是瞎杠，原來這條業水一過賈隅東界，就稱為蘇班西日河（Su-Ban-Si-Ri-Chu），南折與干拉河（Kam-La-Chu）會合，流入印度境內，注入盧喜河（Luhit R.），再入普拉馬普特拉江（Brahmatra R.）。下游根本是和藏江平行的水系，

這個入江的傳說豈不是一種囈語！

　　灘上有一個佔基址很廣的熱塘寺（Re-Tang），風景和建築都相當的可供遊人欣賞，是隸屬於四大藏王——第穆、大匝、熱振、第耉——之一的第耉呼圖克圖（De-Dru-Hutuktu）的。當然這附近一帶的胼手胝足的人，都是這廟上的農奴了！由這寺向西走，盡是一草不生的沙壤高岸。在這高岸上，能夠遙望業河的上游，從西北方的一個很大的峽地中流來，並且望到峽中一個村莊。我猜這個村莊，或許就是孜塘、翠南正式官道間的格惹，或者是尼東（Nyi-Tong）罷？聽說翠南的米市完全是由藏政府包辦，他們用藏北的池鹽來向不丹人、壟人換米。這鹽通常就由藏北的游牧人民當烏拉差，用犛牛或是羊馱負南來，就卸置於格惹或尼東兩地，然後再由這兩地，或竟是業河流域的全體人民接運烏拉，直送翠南。大約業河上游一點地方的烏拉，翻格如山（Ge-Ru-La）前往，比較下游一點兒的，就是經由我走的這條大道。當我旅行至此時，沿途親見運鹽支應烏拉的騷擾情形，是不可言述的！

　　南山崗巒起伏，大道就順著這些崗巒的麓側，漸漸彎向西南峽中行去。峽中第一個村子名為森必（Sim-Bi），村前有一排極長極整齊的嘛呢牆。過莊後，緊傍著峽水南岸仍向西進，涉過峽水，換到北岸行時，經過四、五個小村子，皆不曉村名為何。再向西深進四、五里，就看見峽水有兩源，各從正西和正南流下。在兩水會流交點的西南角坡上，有一夏札（Sha-Dra）小村，村後西向翻山的路，是經果（Go）而赴不丹邊境的拉

康的。村前折而南進深峪，才是通翠南的大道。

　　傍峪水東岸行，約十餘里路的光景，大道又岐出兩岔。一條向高坡仍就南上的，是經夏爾鋪（Shar-Pu）翻山而通這隅（Tre-Yul）和賈隅的路。一條在水邊，走不幾步，望到隔水的崖麓下有一小小嘛呢堆，這是人們故意疊成以指引行人赴翠南的路標。正對著這個嘛呢堆涉水，右折，進西向的山峪，坡勢很陡，登翠耐山（Tsoe-Nas-La），逾山口後，仍是上坡的地勢。漸上漸左彎折而登曲即山口（Chu-Tsi-La），這才出離了業河流域的範圍。這個流域中的特質，是沙壤特別豐富，灌溉上的效力很微，所以流域中的農村都是稀散得很，每每兩村相隔在二十里之遙，中間不生一根草木，但是道路卻很寬坦，崎嶇的苦滋味，是很少的。

　　曲即山口看到橫排在前面，迤邐得很長同屏風似的雪山，就是郭爾波拉（Gor-Po-La）。慢慢地折向南行，下山，左方有一個令人特別注視的圓錐形的小山峰，名為失麻比（Si-Ma-Bi）的。繞過峰前，望到一個很長很長的大湖，就是雅拉容湖（Ya-Ra-Yum-Tso）了。山坡間有亂石堆疊的矮圍牆，這就是牧人們避雨的羊圈地，牠是不屬於任何人的私物，所以任何過路人，都可以隨便進去席地休坐熬茶打尖。圈內鋪滿了尺餘厚的乾羊糞，這又是不費分文的好燃料了。像這樣的羊圈，我一共發現了三個，一個較大的在高坡上，兩個較小的在離湖邊不遠的底坡上側。大道是順著湖的東岸走的，一直走到湖的南端，約莫有十餘里路，這才微微地上一個小坡。我證明了這湖的四周附近，完全是屬於這

湖的內流區域，湖的中心，還有一個很小的孤島，這才
使得這碧森森的寒潭的面色不過於單調，並且成了湖中
的一個天然點綴，好像畫龍點睛似的那麼一點的味兒！
我又連想到去年於昂仁東南的那個黑牛首湖北岸的走馬
揚鞭的我，情景實在是和今日差不多是一樣的，不啻是
重溫重夢一般。不過彼湖北岸多一棟紅色的石頭房子，
並且有一帶沙帶將湖心的孤島與北岸聯繫。此則空冷冷
的沒有房屋，而孤島是隔絕了的。而人呢？去年是騎，
今日是步，勞易也有天淵之別了！

　　兩邊山勢抱攏得很緊，一條很狹很狹而且屈折得很
利害的深峪。走進這裡，人自然而然地會毫無聲息地屏
著呼吸，沙沙地低著頭，祗管往前走。兩小時後到登學
（Ten-Sho）。這裡也是藏政府安設的驛站，不過較雅
堆札拉的驛房，要對於旅行者來得方便多了。因為這裡
人家雖祗仍僅一戶，但容許任何過往人畜寄宿。這裡安
置驛站的原因，仍也是因為道路荒涼。從夏札起，翠南
止，中間也是兩個整天的距程中，沒有房屋，並且峪中
的地勢險惡，容易藏匿歹人做那「敗者為」的事業，自
然不能不於此衝要處設置驛站了。

　　過此仍就南行，約十里，西山一個大溝，溝水流
出。據說騎馬的人，喜歡進溝翻山以赴翠南，因為路徑
捷些。但是步行的人，是不願意爬逾過多的山嶺路的，
所以仍就要涉過溝水，順峪南行。逢到第二條溝水從西
南峪淌出來的時候，這才右拐進峪去。這條溝水和前頭
的那條溝水合起來仍向東南流下，也不知是注入什麼水
後流出印度呢？還是下流有一個湖而注入湖中？那我就

沒有工夫去理會牠們了。

　　進峪後，溝水上有一架小石橋。過橋，溝水的東岸行，方向還是正南。峪地中是一個大草灘，南北拖得很長很長，牧草也很豐茂，沿途遠遠地望到好幾處黑色的牛毛牧帳，錯落稀疏。一直走到溝水的盡頭，又微微上個小坡嶺，幾步路就是雅作湖（Ya-Dzo-Tso）。才走完湖的西邊緣時，又立刻看到了聶巴湖（Nya-Pa-Tso），這兩湖都沒有雅拉容湖大，不過不像雅拉容湖的四周盡是光生生的石山，聶巴湖的四周全是綠油油的牧灘。灘中成群的牛羊，都完全得到了他們自己的飼料，這湖比起雅拉容湖實際上要有用得多了。聶巴湖的東邊緣上，有一個黑帳房，從牠的門口經過南行，漸漸地登坡，看不出在登山，已是到了朵哥拉（Do-Ko-La）的山口了。山口是兩條大路的分歧點，東路正是翠南赴賈隅的覺髯（Jo-Ra）的大道，據說由翠至覺，不過僅僅祇有三天的路程。山口南下，才是翠南的大道。

　　下坡的路又陡又窄，幸喜不多一會兒，就下到峪中平地。沿著溪水東邊行，一連過兩道石橋，就出至峪口，現出一大片草灘來。四圍的山，團團圈圈地攏裹，南盡頭左右迤突兩個山嘴，東嘴坡上是一個寺院，名為貢巴則（Gom-Pa-Tse），西嘴脊上就是翠南宗的官衙建築，高高地聳立著。由朵哥拉山口到峪口的粗隆（Tsu-Lung）小莊，統共還不到十里路，由粗隆經這草灘到望見翠南宗的所在，怕還不止十里。雖然老早望見了翠南，還是夠走，喜得這草灘的地勢很平坦，並且綠草如茵，落步柔軟，走起來是很舒服的。灘中從東、

西、北三面流下來的澗水很多，縱橫錯亂，任性地，毫無紀律地橫淌，佈滿了這個草灘。最後在東南角，貢巴則寺的山麓下聚攏起來，望東南淌出去，所以經過這灘的時候，不知要涉過多少阻路的澗水。在兩股最大的澗水上，還要過三道小橋，才能走攏翠南宗所在的山嘴的坡麓。一直彎進山嘴的南麓時，前面又成了一個東西向的山峪，峪口亦即翠南宗麓。雖然聚居了百餘戶的民家，但這還不是一般人常常蒞臨的翠南，一般人常到的翠南是個市集，藏話謂之叢堆（Tsong-Due），還要西進峪中五、六里路才到。不過到宗麓時，已能一眼望到牠——叢堆——也一點困難都沒有，眨眨眼的功夫就走攏了。

五、翠南

> 年前夢想翠南遊，身到翠南反覺愁；
> 行腳原非皈禮佛，雄心頓不羨封侯。
> 咩吽低遠哀籠野，嘍吠張狂亂入樓；
> 七月黃雲高塞草，半天白雪覆荒秋。

嚮往已久的翠南[24]是到了！但是我看到此地的情形後，心情中一點兒也不起勁！我在拉薩有時吃到翠南來的新鮮辣椒和桃、杏，以為這兩種東西必定是翠南的土產，心裡存到一個到處都是菜園佳畦的翠南的影子，好

24　今錯那，藏語意為「湖的前面」。

久就想離棄那寒涼的拉薩，而一到翠南來大饗一頓。但
是今天身在翠南的我，好好一調查，一顆桃樹、一顆杏
樹也沒有。雖然有幾家菜園子，也不過種著幾畦瘦癟癟
的青菜，萵筍細得和筆管一樣，蔥呢？還是用洗臉盆栽
些供自己的食用，此外什麼蔬菜也沒有了！這才使我大
大地失望起來！這才知道從前在拉薩所吃到的桃子、杏
子、新鮮辣椒等等完全不是翠南的土產，是由疊隅或不
丹兩地轉運過來的！在夏季，因為能夠吸收到印度洋北
上的高空雨氣，所以雨量是很豐富的。這時整個的翠南
是籠照在彤雲或淫雨之下，難得有一天，一天難得有二
小時可以看得見陽光。雖在盛夏，屋中還要烤火，不穿
皮衣是無法出門的！峪中所有的澗水，完全是才溶下的
冰雪，滔滔地從貢巴則寺[25]的山麓向東流出，表示出來
這地是一個可以接受印度熱帶氣候的門戶，然而事實
上的寒酷反是如此！一到每個歲尾年頭——十二月、一
月、二月的三個月中，整整百餘天的大雪，整個的翠南
就完全埋葬在深深的雪墓中。山完全封閉了，沒有道
路，這裡的居民完全遷移得遠遠的，每戶祇丟下一個，
甚而一個也不丟下，讓房屋空空的給大雪淹沒。就是丟
下看屋的一半個人，也是終日躲在黑屋裡，大大地堆
起木柴來烤火取暖，除了登廁以外，是永遠看不到天空
的。直等到三月間，春陽融和的時候，眼看著房頂上堆
積著的五六尺厚的雪，自己慢慢地消融完了，遷移避雪
的人們才開始慢慢地遷回來。來時，有些經過的大道上

25　即貢巴孜寺，建於 1420 年。

還免不了僱人鑿冰開道，掃雪登山之舉呢！雪期過了，淒寒的廣灘，盡是牛羊，人類所分得的僅僅是北山麓下的那麼一小塊地方來種植。可憐分得的平地上的那麼一點兒，完全祗好種苜蓿，收穫後仍是歸於畜生享受！——供給來往商旅們的牲口的飼料——而人們吃的糧食，反而栽植在北山坡的斜傾地上。這是沒有辦法的事情，因為南面的那山太高了，陽光被遮隔得不能充足地將熱力射到峪中平地來，所以不能不將麥田、青稞田、菜子田，墾在比較能多吸收陽光溫熱的北山坡去了。

在西藏，一塊木板是極珍貴的東西，很多的大建築是吝於多費木料來修蓋的。但是，翠南因為接近盛產木材地的壟隔的原故，木材並不稀罕，幾丈長的橫樑和成排的木板牆發現在二、三百家居民的大院房屋裡。可是每年冬、春間的大雪積在房頂上從不打掃，聽牠融化浸滲房頂的緣故，在翠南找不出一間不漏雨的房屋出來。就饒他這樣破陋壞爛的房屋，當房主的人還捨不得住，寧肯虧屈自己揀一間很小的黑屋容身，而騰出大部分的空房子來，租給市集期內的販客們住宿，以圖博點房租來受用，這些都是當地有錢的居民的情形了。鎮東頭大片沙地，地上搭著一百多頂蘆蓆帳篷，鎮日賈釘釘鐺鐺的砧聲響個不息，是一些借著補鍋或其他手藝混日子的貧民窟的所在地。無論窮富，不經營些小本生意是無法維持生活的。街上雖祗看見三、五個雜貨鋪子，但是祗要你肯誠心照顧他們的買賣，差不多這二、三百家居民，誰都可以接待你進去談交易。自然最大的商號，還要算藏政府的拉楞羌錐（Bla-Brang-Cham-Dzoe）——

西藏政府的金庫——所設立的米棧了。這種米棧，藏話
叫做哲康（Dre-Kang），他們做的買賣，是不許老百
姓們分潤的。他們大量地貯鹽，拿鹽換米，又大量地囤
米，然後再出賣。鹽二斗換米一斗，這是目前的市價，
但是隨時漲落，完全由他們任性地操縱著來規定價格。
你如不遵守他們所規定的價格來做買賣的話，他們就要
重重地處罰你了！別人無論做任何別種買賣，都要依照
他們所規定的鹽、米價格來推估比例來作生意，因為不
是這樣就不便於他們大量的收買覃隅、不丹兩地運來的
辣椒和桃、杏等別的東西。可是他們又不讓老百姓們自
己直接地並且還是依照他們所規定的價格來作鹽、米交
易！如果你要私自作了鹽、米交易時，所有的財貨就要
完全充公，並且科以很重很苛的罰款，或拘禁笞杖的濫
刑。即使是旅行者所隨身攜帶的自用鹽、米，也是有限
制的，鹽不准過二升，米不准過二斗，一逾此限，便認
為有影響於他們的營業，所以就是身犯王章了！？照字
面上講，米棧不過是一個商業機關罷了，不料翠南的米
棧，居然還是一個財務稅收機關，所有來往商貨都要由
他們照牲腳馱數或照苦力人數來抽稅，並且也沒有一定
的稅率，無非臨時隨他們任性地估計而已。為了防止
偷漏起見，也還養著十幾個如狼似虎的「郭爾哥娃」
（Kor-Po-Wa）專司邏哨巡緝，就是我們內地稅卡的卡
丁同一作用。「天下的老鴉一樣黑」，這般郭爾哥娃的
行為如何，我也不願多說了！

　　翠南完全是個商業地方，自然也有牠的地理環境。
牠是個四至之地，東面順著貢巴則寺峪東進翻山，通到

農產很豐富的這隅和賈隅，這兩地不能不找翠南銷售他
們剩餘的農產品，所以在翠南所吃到的麵粉和糌粑，大
半都是由這兩處運來的。西面有一個尼寺，由寺進峪翻
山，四、五天到董尬爾（Dong-Kar）和拉康，那是羊
卓雍湖東部的畜牧區域，要找翠南來銷售肉類、酥油、
奶滓、毛皮等等。南面咫尺之地的薑隅和不丹，北上就
是孜塘通拉薩。這些地方對於翠南都有急迫的需求，除
了這隅、賈隅和羊卓雍湖東部對於翠南需求日用物的供
給外——這點不丹人盡了最大的努力，自然他們也發了
財，因為他們替英、印銷售了不少的布疋、棉紗、糖、
煙等物——需求急迫得最利害的，還是拉薩方面對於翠
南的米的供給。因為在拉薩每年正月和二月間在大招開
的兩次無遮大會期內，每日有二、三萬僧侶的粥米的消
耗，還有三大寺每年需用的格喜粥米，完全都要由此運
濟，米棧的設立也完全為此。但是薑人和不丹人對翠南
也不是沒有需求的，他們到此來的目的物是收買毛織氆
氇或褐子，[26] 因為這兩族人是居住在喜馬拉雅山南面的
丘陵地帶，一年中差不多有十個月的長期間受到季候和
地形雨的壓迫，印度的棉布製成的衣服，是不適宜於大
雨下跋涉或作農事的，並且布料還很費，一經雨水淋過
不幾天就爛了、破了。所以印度雖產大量的布疋，並且
價格又便宜，但是對於這兩地的居民是沒有多大幫助
的。他們必得要耐久和溫暖——丘陵地帶一下雨，是非
常寒冷的——的衣服材料，所以不得不求之於西藏的毛

---

26 指用氂牛毛織成的黑色粗毛布。

織物了。翠南的大宗氆氇和褐子，都靠著北路的孜塘和札囊兩地運來，這樣就供給了薴人和不丹人衣服上的需要。由此看來，翠南本身雖然是個毫無生產能力的山僻之區，就是靠著這點地理環境，在經濟上配得上個適中轉運之地的緣故，所以不失為西藏境內的一個相當重要的站口。這就是牠在拉薩方面能夠享受盛名，而居然冒充辣椒和桃、杏的出產地的由來了！雖然說翠南是個完全商業性質的地方，但也不是一年到頭有買賣可做，固定的三個月間——五月、七月、十一月——才有大集，這時四方商賈趕集來的，真可說是輻輳如雲大量地貿易，附近各區的人在這時期內各各滿足了他們自己這一年中所有的需要，翠南真正的熱鬧起來！但是一過這三個集期，便又筵終人散，翠南重復回落到荒涼的境地中去。實際說來，牠還不過是一個大市集而已，常年不息地在幹著買賣的，祇有那個藏政府特設的米棧獨家罷了！

　在政治上設立了一個宗，惟一的職務是替藏政府催解薴隅的木板——自然別的東西還是很多很多！——往昔西藏政府屬下貢納木料的地方，原很不少，後來都被英、尼兩國慢慢分別侵吞，現在祇剩下這一塊薴隅了。所有從前各地分勻貢納的木材，現在藏政府不得不極力獨向這一隅地方責令擔負，薴隅的木材一年年地減少，而藏政府的需要反一年年地增加，所以藏人加於薴人身上的木材的壓迫，是令薴人吟呻得簡直絲毫不得動顫！更因為交通不便的關係，祇有騾馬牛騾才能負載運輸，隨你有多大多長的廣廈大材，也無法運到拉薩，祇能將

木材分裂鋸成六七尺高、寸把厚、尺餘寬的木板才能搬運。像這樣的細屑瑣事，不知想個澈底解決的辦法，徒然蹧蹋大材鋸為小板，和板的尺寸的限制也要麻煩藏政府來用法律加以規定，算做政治事業範圍以內的事情，真正是天下的大笑話了！

然而西藏政治上比有一種比笑話還要笑話的事，就是——出仕的人得到外放實缺時，每每自己不願去上任熬苦，視缺的肥瘠估價賣與頂替的人。如現在的這個翠南宗聽說是六年任，原主以六千秤藏銀——三十萬兩，約合國幣六萬元！——賣與一個羅賽林札倉的有錢的喇嘛。這樣的幹法，自古以來，西藏政府是從不過問的！豈非比笑話還要笑話的怪事！賣主在六年以內，可以不勞而獲地白白得著六千秤，而六年任滿又半空添層資歷，又可作為第二步升官的階梯。又照這樣幹法往下幹，他就可以一輩子安安穩穩地坐在拉薩舒服享受做大官！反過來，那個買主自然唯以設法撈本和賺錢為目的，當然要加緊剝削敲煎。這樣一來，這個翠南屬下的木板壓迫之下的氌人，真正是沒有生路了！所以我說：「木板！木板！逼得氌人造反！」

官府對於氌人壓迫得還不夠，連翠南的藏人對於氌人還存著一種極大的民族歧視——歧視，就是壓迫！翠南是我最初看到氌人的地方，我就開始注意這地的藏人和氌人間交往的情形。翠南的藏人，無論男女，都會氌語，能聽能說，他們用種種詭詐的商業騙術來賺氌人的錢。五年前，我在湟源看到的漢人騙番子的種種把戲，重複地在這裡搬演而射進了我的眼幕。他們在用酒

把氂人灌醉，然後才談交易，在斗和秤上使鬼，在算總
帳的時候故意混亂帳目，拿著氂人不懂的算盤打得滴溜
溜圓，空下來就和氂人賭博。常常有些氂人背一簍辣椒
或桃、杏到翠南一宿後，明早會空空地一無有而歸。因
為他所得的辛苦的售價，昨夜已完全花費在宿處的痛醉
的代價上頭去了！翠南的藏人警告似地語我，要我時刻
提防著氂人的蠱毒，氂人是最善放蠱來毒死商旅們圖財
害命的！他們自傲著說，凡是在西藏佛地生長的人，都
是有夙根的、福氣很大的、享受很豐滿的生命或靈物，
氂人所以要蠱死藏人的原故，為的是中蠱而死的人的夙
根裡所具有的一切福報和享受，立刻會移降於放蠱的人
靈魂中去！所以他們認為氂人是最沒福、最沒享受、最
下流的賤胎種族！在翠南，像這樣的藏人對於氂人的壓
迫，是處處可以見到的，有時把我氣得恨不立時抓到個
藏人給他以同樣的壓迫行為以資報復！

　　但是反過來看，翠南的藏人究竟比氂人高尚了多
少？他們完全是鄙吝成性的。這一點，他們自己也承
認。比如一個藏人到氂地，無論識與不識，氂人招待他
的膳宿，供給柴炭，頗為豐盛，並不取他的分文。而西
藏人則多燒了一塊牛糞，也是捨不得而要心疼的。氂人
沒有作乞丐的，但是西藏成千成萬的乞丐，沿門托鉢的
遊僧，每年去氂的不知有多少，這會使氂人疑惑藏人都
是些不愛臉的大哥！西藏人也知道整個的氂隅地方是沒
有盜劫和偷竊的行為的，有之除非是到氂隅去的西藏人
所幹出來的，氂人所以瞧不起藏人的，完全是因為這方
面。到氂隅的藏人，看到氂人在大雨下精赤下體鑽到泥

裡頭去插稻秧的時候，他們會感覺到羣人這樣受罪是前世裡沒有拜佛修德的報應，反稱之下，自己是比羣人安逸，究竟是個有福之人！他們認為自己的最大的勞苦，就是每年冬天到印度，及其餘非集期內到各地做買賣時的奔波跋涉了。翠南的男子，每年僅五月、七月、十一月三個月的集期內住在翠南，但是無論他們在與不在，都是無時或息地營謀著怎樣賺羣人的錢！他們整年地，或竟是終身的，吃著羣人的米，燒著羣人的柴，閒談時還要盡力來誣噬羣人。藏、羣之間的仇視是很深很大而無法消泯的，這個地方終久的危機，就是這個民族仇視！

我們看到翠南那些擁有大院房屋的人，每年的五月、七月、十一月三個月間是他們最忙的時期，也是他們最發財的時期。房租錢裝滿了衣袋，飼草完全出賣了，經營的商業也賺錢，於是相率著上貢巴則寺去放佈施，報答三寶被佑的恩德，並且禱祝著來年也照樣順利。這時，他們都是虔誠的佛教徒！但是這些翠南的財主們，並不都是本地生長的土著──真正的土著，是那個宗麓下聚居著的百餘戶中還能找出些來──他們都是外來人，在此地發跡後才安家落戶的，所以在翠南找不出一種固定的本地方言，和異於其他各地的特殊風俗，因為翠南根本就是一個四方雜湊的所在。如果說到翠南有異於其他各地的本地的特別風俗的話，那就要算翠南婦女淫汙出家僧人的本領了！那個貢巴則寺的活佛──名為貢巴則朱古（Gom-Pa-Tse-Tru-Ku），他和他廟上的僧人，如赴拉薩學經的話，應該住在哲繃寺羅塞林札

倉的擦康參——當他由拉薩學成，考畢拉然巴格喜回來的時候，發覺到他的廟裡的三百多個僧人，有一半已經是犯了婆羅夷戒[27]的壞僧了，馬上統統革斥，所以現在該寺祇殘剩百餘人，這就是翠南婦女對於該寺的賜與了！如果我們更深刻一層地來觀察，任何人肯在翠南住過五天以上的話，這些本地富人檀越們，虔誠的佛教徒的狐狸尾巴，是不難立刻露出來的。因為他們中的一大半的原來面目，都是拉薩三大寺或其餘各地寺院中出來的遊方僧人，在醉後被翠南的婦女強姦，或自誤而沉溺的人。當他們蔑視著說薲人不信佛時，他們完全忘記了自己是佛的叛徒了啊！

六、點燈山

破衲斜拖叩曉關，紅羅素蕊綠苔斑；
風迷舞草人迷醉，夢思柔情意思還。
筇杖愁看秋月霧，憂心莫變少年顏；
悽惶無奈登峰後，雪擁雲環又一山。

　　由翠南出來過橋後，傍著山麓行，漸漸彎入西南峪。峪口有一個三戶小村，村西橫跨澗水一座小石橋，過橋後就步步升高爬登點燈山（Den-Den-La），迎面四周都是雲和雪攪亂了的銀色的山峰。有時雲和雪上下

---

27 波羅夷為梵語音譯，指比丘、比丘尼所受持戒律中的最重罪總
　　稱，犯者須被逐出僧團。

分離，並排簇列的山峰，才一個個從雲深處透露出雪堆
成的峰尖，下頭空出一截是黑色，腰間又是白雲如練，
長長的，像一根白絹，把這些山峰一古腦兒綑做一堆，
實在好看極了！山上綠草如茵，銅錢大的紅花、白花，
隨意生長，牛羊遍峪，岩石上也是長滿了青苔。扶著手
杖，緩緩地彳亍著，簡直是在畫圖中啊！到山口，折向
南行，在這裡岐出兩條路，一條對直南去，是經由勒卜
（Le-Bu）、邦欽（Pang-Chen）往大旺的，多繞一天
遠路，祇有冬天因為冰雪小些才取這條道。夏秋的路，
卻由山口起，左折拐向東南行。下坡，坡下一股澗水，
水是由周圍雪峰溶流下來的雪水瀦為南面亂山窪中的一
個很小的湖裡流下來的，向東北方流出，大概是和貢巴
則寺麓下的那股峪水會合而流往夏武（Sha-U）。這水
上過橋後，立又登坡，望望前面的嶺脊，有鄂博。[28] 向
前直登坡，坡間還有一溪熱水潺湲地淌著，就知道不遠
的東北深溝裡有溫泉。一爬上鄂博，那個腰圓形的錯尼
湖（Tso-Nyi）就擺在足下。蒸騰的雲氣，在湖面吹來
吹去，靜悄悄地沒有一點兒波聲。人從湖的北緣向東繞
去，連涉兩道澗水，到湖的東南緣時又立刻登坡。坡前
涉一條清水，坡上是個斜面的嶺脊。向南行，約莫十餘
里路，微微地又下坡，一條自東向西流的澗水橫阻。過
橋，又登坡，這一坡就崎嶇得很，而且很陡，澗水亂
流，時常要跣足跋涉。不久看見道右有兩間破屋，趕宿
不及的人，就可以免費在這兩間破屋裡過夜，地名是叫

28 即敖包，意思是石頭堆，作為路標或者界標。

做家孃桿孃（Ja-Mo-Gen-Mo）。這個地名的譯意，是叫做「老母雞」，據說這兩間破屋是很古的時候，有一隻成精的老母雞所修建的。直到現在，在這兩間破屋裡宿夜的旅客，每每一到黎明的時候，就聽到一隻老母雞下蛋的啼聲催人起身呢！

　　更往南的坡，更窄更陡，到處都是亂石。一登格爾欽山口，看到東側有兩個湖，大小形狀差不多一樣，遠的那湖要比近的地勢高些，啣連處有一道罅口，高處的湖水就由這罅口朝下傾注於低湖。據說這是一連並排同樣大小的湖，共有七個，天然的生成為耶剌香波的淨水供。我於是爬上高崖上，用望遠鏡直向東瞧，祇能看到五個，由近而遠，一個比一個的地勢要高。除了最近的兩湖外，其餘都無洩水傾灌的罅口。雖然覺得淨水供的神話可嗤，但是像這樣天生成的巧景究竟稀有，也不禁暗暗地納罕稱異不止了。再往南不幾步，就是格爾欽湖（Ker-Chen-Tso），據說從前有一個名為諾布桑波（Nor-Bu-Zang-Po）的大財主——他是這一帶許多神話中的主人翁——有一塊要費一隻牛僅能馱得起的大綠玉，遺失在這湖的中心。直至現在，每當天氣晴朗，走過這湖邊的人，還能一眼看到湖底中心的綠光，就是這塊大綠玉的寶氣了。時常經過這湖來考察的外國人，很有些動念想打撈的呢！（？）可是我今天經過這湖的時候，正是天空陰霾，悽風慘雨，並未望著絲毫的寶氣！

　　由湖北首行東緣繞至南首時，就順峪水下坡，落到峪地。峪中水草豐富，有好幾處牧帳，峪地中要走很大的時候，才遇著第一座小橋。橋東塊的崖坡上發現了一

個山洞，這洞也是個趕站不及的免費宿處。自此因為峪勢和崖形的關係，在同一峪水上，一連來回地過了三道木橋，最後又碰到兩塊大崖石疊在水上，差不多要合攏來，中間距隔祇兩、三尺寬，恰好一邁步可跨過，豈不是道天然橋樑麼！快到峪口地，又有一間免費趕宿的空屋，是石頭建築，屋前也有一道木橋。跨過橋去，就由東岸出了峪口，峪水就於此注入夏武水（Sha-U-Chu）。夏武水的北坡台上，就是翠南和大旺半程中間的粗康（Tsu-Kang）和夏武了。粗康就在峪口，夏武村和夏武寺在粗康之東里餘，但在粗康已能望到。夏武水東下後，據說流向提朗宗（Di-Rang-Dzong），所以由夏武走提朗是有一條捷路的，不過四天就到。

這個粗康的意義，就等於雅堆札拉山口和登學兩處的驛房一樣，由公家設立派人駐此，以利上下行旅。粗康的原來藏語應做叢康（Tsong-Kang），意為售肆或商鋪，粗康是疊人所說的不準確藏語，統共祇得兩戶人家。如果是冬季的話，因為由此南去大旺途中的幾個高山完全被雪葬埋了，行路斷絕，這兩戶人家沒有事情可做，也是要預先搬往大旺或更遠些的地方去避冬，直到來春冰雪融化，道路情形恢復時才搬回來。這兩戶對於附近三、五天路以內的疊人，還要算是個頭目或吏人，疊人時常要給他們上些例規的需用物品。當我走攏這兒的那天，正逢著翠南宗的官人們也來到此地收納疊人的酥油稅和人丁稅。這兩戶房屋統共還佔不到一畝地，到聚了好幾百疊人，戰戰兢兢地捧著大塊大塊的酥油，放進秤盤子裡去。那種澀縮鄙塞的態度，令人看著實在

可憐。巴不得聽到一聲「直鬆」或「馬久！」──「中
了！」或「滾下去！」──這才歡歡喜喜地出來，向這
兩家來繳呈例規，一小方酥油和新鮮奶滓。這兩家的主
人婦接過來，隨意地一看，輕輕說個「謝謝！」，就丟
進竹簍子裡去，立即掏出幾個桃子給氆人作為回禮，並
且招待氆人們進屋來喝酒。氆人肚子餓了，還可在這裡
燒火做飯。這一天這兩戶人家除了實收二十幾克[29]酥油
外，還可賣得不少的酒錢和柴錢，逢著有過夜的人的
話，還要收些宿費。不過在我看來，這兩家對於來往的
客人，並沒有什麼苛刻處，因為我在其中的一家住了一
整天。別的不算，單是兩頓飯炊用木柴，在拉薩須合到
兩塊錢國幣的代價才能買到手的，而在這裡，我祗付了
不到一毛錢的代價，便一切問題都解決了。

七、千人山

千人嶺上望氆隅，一線羊腸入岫嶁；
探險喜經窮禹貢，安邊悔不習陰符。
投荒日種空搔首，落地雲根任裹膚；
惟恨今朝刀不利，暫容禿髮號單于。

粗康的坡麓下，過了木橋，進西峪，上溯夏武水。
靠北山根走，幾里路的光景，北山不遠的地方，望見一
個大雪峰，流下一股雪水澗來，也跨過這澗上的木橋，

29　即藏克，為西藏重量單位，大約等於當時中國度量衡的二斗八升。

前面有一條橫阻而隆起的崗巒。走到崗上，這就看到一個石頭峰尖。這個峰尖天然長成一頂帽子的形狀，據說當年蓮花生大師度化至此，把他的帽子在這尖峰上一擱，就把石頭模印成和他帽子一樣的形式，所以這峰也名蓮花帽峰（Pad-Ma-dBu-Shwa-Ri）。除此峰之外，附近百里路內還有不少蓮花生遺留下來的聖跡，最出名的，要推大倉（Tak-Tsang）、洞倉（Dom-Tsang）——「虎洞」和「熊洞」——兩處。可惜我這趟出來是醉翁之意，沒空夫去特地拜訪一下，實在歉然！

從崗上漸漸地由西而南，爬登朋拉（Bum-La）的半坡上，在這裡回首朝北仰望半空，很遠很遠的兩峰峰尖夾峙的罅口處，冒著蒸沸似的毫光，似雲、似霧、似煙，那就是格爾欽湖的所在了。拿我身立的地點和格爾欽湖一比較，知道地形上的高度已經差得很大，由此推測，愈南去儘管翻山，還是一山低過一山，原來我已經是到了喜馬拉雅山的南坡面了。坡間已有成林的丹瑪木（Tam-Ma-Shin，藏語，木材可以挖碗），可惜都矮瘦得很，僅僅分佈於兩道傍。但是從拉薩一直到此，這還是初次接觸的山林呢！不由得我喜歡得叫了出來！登時精神抖擻，一口氣走了十幾里路。爬登朋拉山口，原來山上反是光生生的石頭，不見一顆樹木。那個蓮花帽峰就在山口的西面不遠，此時看去，那裡像頂帽子，不過極平常的一座石嶂罷了。據說朋拉山口的東背後，就是夏武走提郎的路，沿途盡是竹箐，情形頗困難。

自朋拉向南下坡後，順著一條東西向的峪水折向東行，看到四山聚流的澗水瀦成一晶瑩的碧潭，峪水仍由

潭尾流出東下，匯入夏武水。這時路徑再折向南行，漸漸地走上千人山去。這段完全是兩山間的盤坡路，路上的崖壁的風景，是兼有雄偉和俊秀的美麗的，最妙的是有天然的調和著的色素，一種蒼風、野嘯、翠滴、寒流的滋味，是描寫不出來的。爬幾步，道東兩個左右並列的小潭，潭側就望見突然矗立在半空中瘦怯怯的千人山口了。好像進了個窄窄的關門，登時四圍的層巒疊嶂，團團轉轉排起，豎立得很高很高，有些不可仰望的氣概。中間一灘平地，東邊一個大潭，一條石板鋪平的道路從中破開，半水半田，再加灘中的清流潺湲，小樹錯綴，蒼苔滴石，幽徑迷人，襯著山高天小，雲嬌日麗的幕景。喲！我陶醉！陶醉了！一步懶似一步地踏著人工砌成的整齊的花崗石的階梯，終於踏上了千人山口。據說從前有一個藏人，在某處殺死了一個不丹人，這就起了重大的交涉。辦理結果，西藏承允賠補一千人給不丹，就在肇禍處的附近某山頭交割，後來把肇事的地方名為殺人山（Mi-Sad-La），賠人的地方名為千人山（Stong-Mi-La），就是這個山口了。

　　山口有幾堆石頭堆成的鄂博，站在鄂博前面南望，對面黛山橫列，一條往疊隅的盤坡大路，自山麓由北而南拉成一根直線，冉冉上升，沒入雲端裡去。向南下坡，盤繞的石階磴是很不少，屈折不一，兼有些亂石。在坡面高低兩處，有兩池潭，在牠們的西邊緣經過，就到了對山的北麓，慢慢地上登蜜蠟山（Mi-La）。漸登石磴漸多，丹瑪樹漸茂，已經不像朋拉北坡那樣的矮瘦了。毫不費力地，一會兒就到了山口。回首望望那千人

山口，已是「雲深不知處」了。峪中的水是由那千人嶺坡下的兩個池潭中流下，向東淌出，下游也注入於夏武水。望到峪水下流不遠處的北岸山坡間，有很大的森林，據說那兒還有一座寺院，不過我沒有望到那兒有什麼房屋的影響罷了。

過蜜蠟山口，向南下山，踏完幾步石磴，也有一泓清潭。回首山口，恰在兩個同樣大小的石筍罅邊，好像並立在半空中的一對金童玉女垂下一根飄帶。人在帶上走上來，兩傍的小刺樹蒼翠可愛，還有許多對生葉樹，夾雜著許多異樣的花草，可惜我對於植物學完全是個外行，不能一一舉出名字來。下行幾步，道旁一塊崖石，中間嵌凹下去，成了一個足印。據說這印是當年第六世達賴滄漾嘉錯經此北上時遺留於此的，當時滄漾嘉錯還說：「我還要回疊隅來一次呢！」再下行，丹瑪木又高又大，黃土層也由薄而厚起來。雲霧時起足跟，雖不雨，也有些衣履潮濕。落至半山腰時，看到圓針杉林，道旁有三間板房都空著，也是預備給來往趕宿不及的人的憩宿炊尖之用的。過此後，杉林又高又大，顯露給人這是疊隅的一個富源的表示。

穿過深林，一種幽高雅素的空氣和輕舒爽逸的和風，實在是枯坐於拉薩寺中幾年來從未感受到的。漸漸地聽到黃鶯的歌聲，步入夾道生長的翠森森的瘦竹林子。出了竹林，看到兩處高崖間築成的白堊樓閣，都是尼寺，萬綠叢中一堵白牆，配上黑瓦紅欄。那些尼姑，或憑窗俯坐，或曳裙登梯，望到她們的飄衫環裙，真不勝瓊樓玉宇鬟亂釵橫之感啊！最後順著一溜山嘴下坡，

這個嘴尖稍稍向西，一抝頭，頸脖脊上連排的宮殿，殿
瓦上裊起絲絲白雲，隱隱的重樓複閣，千門萬戶，真正
是洞天福地，迴絕人寰。這是什麼所在？唐僧朝西天取
經的大雷音寺，[30] 我訪覃隅的大旺寺是也！

八、大旺

> 蜜蠟山根惡水流，旬龐南去幾時休；
> 提郎未至非途險，大旺行吟每句羞。
> 林木依稀空布峪，夢魂怕到瓦龍溝；
> 朝來一碗不丹米，又惹鄉愁並國愁。
> 長遊萬里恨成墟，沒個雪山好結廬；
> 身毒亡時伽濕縣，班洪獵後麥隅漁。
> 野人山北高黎貢，藏布河南雜猓猰；
> 不待吾禪調水火，吐蕃有日見兵狙。

　　整個的大旺是分作好幾部份的：
（一）大旺寺（Ta-Wang-Dra-Tsang）。
（二）雪（Shod）是一個二百餘戶的小鎮。
　　這兩處都在一個山嘴尖的東坡面，寺在嘴脊上，而
雪要比寺約莫低下五十公尺。
（三）比雪又下五十公尺的模樣，是一片很寬廣的坡
　　　　台，或竟可以說牠是個灘，灘的東南隅的烏尖
　　　　林（U-Gyen-Ling）是一個小寺，也附屬著有幾

30　即那爛陀寺，修建於 5 世紀，12 世紀被毀，目前僅存遺址。

戶人家。

（四）由烏尖林向東下坡，到峪水岸，就有一個絳喀
　　　（Jang-Kha）村，是初見稻田的所在。

　　這些是完全要屬於大旺範圍以內的。

　　地形上是西北高而東南低，北面背負蜜臘山，西面
是蜜臘山上流下來的一條溝水，把大旺的這個山嘴，和
西面的一支平行山嘴沖破，隔作兩支，所以西面是一個
俯視深峪的一堵很高陡的懸崖。這條溝水就在崖麓的西
南角折流向東，所以大旺所踞峙的山嘴，和南面的那山
也是隔此水以相望夾峙。這溝水繼續向東流，在大旺看
得見牠的時候，牠還有些偏向東北流出的樣子。牠的下
游和夏武水會合，大概自翠南至大旺間，這段路中所有
山峪裡的溪澗諸水，都要和夏武水會合後東流往提郎，
再南折而流下印度。

　　在大旺寺的窗戶中，就可以望到東下那個寬廣的坡
台的正中，一條路經過烏尖林下坡，這就是東去提郎的
大道。對正南山有一窩栽滿杉林的淺坡，那就是木垛
（Mu-Tok）村，由村上坡向南走，就是去不丹和印度
交界的札什崗（Tra-Shi-Gang）的大道，再由札什崗經
榮不拉（Yum-Bu-La），就是通印度的大路。另外還有
一條經興噶戎（Shin-Ga-Rong）赴印的小路，不過少有
人走。西南在崖麓過一竹索橋，向西去，是赴不丹中心
的中薩（Trung-Sar）和首城的布那克（Pu-Na-Ka）的
大路。提郎南下到印度的鄂多拉古利（Otoraguri）和札
什崗南下到印度的古丹（Gudam）兩處都有汽車通至納
拉巴帝（Narapati）或戎噶（Rongga）後，可以搭乘火

車南下加爾各答或西赴希日古利[31]了。這些道途，在夏
天的時候，因為雨水過大，溪澗橋梁都被沖毀，僅能東
至提郎，南及札什崗而已。西面簡直是一步也走不動，
直待秋後水退，又重新來搭橋。單單由提郎去印度的那
條路，就要搭一百餘座橋。這個地方的人，年年修路，
年年搭幾百座橋，是永遠不嫌麻煩的。

　　大旺寺一共有五位活佛──噶點虫答（Ga-Dan-Tri-
Tak）、大朴伯（Tab-Pe）、闕桑（Chos-Zang）、隆拉
（Lhung-La）和古如（Gu-Ru）五個。大旺寺是古如的
前輩修建的，現一輩的古如赴達布札倉學經去還未回
來，所以不在廟中。大朴伯已死，新的呼畢勒罕還未找
到。闕桑在拉薩色拉寺學經。所以五位活佛中在寺中的
祇有噶點虫答和隆拉兩位，這就是全薨隅精神的最高寄
託所在了。現任堪布是一個甘丹寺的拉然巴格喜，並且
在密宗下院（Rgyud-Smad）住過四年，資格品學都還
過得去，但是寺中的薨僧是惡霸極了，五百個僧人裡藏
人祇有一個，差不多都是富裕的，因富而驕，恃勢凌
人，寺中管事的人悄悄地告訴我，他們有許多是犯不梵
行波羅夷戒[32]的。藏人來到大旺經商，還要先上寺向他
們的頭目報告，得到允許後，始准在雪裡借民家住宿，
並且還要向他們派出來的把夏爾（Ba-Shor）僧人──
巡邏者──繳納買路錢，藏語叫做「薩辣」（Sa-La，
是地租的意思），這真是聞所未聞了。

31　即西里古里（Siliguri）。

32　又稱非梵行波羅夷，意指犯了淫戒。

　　雪裡的房屋，完全是板牆、板地、板房頂，板房頂上再鋪以石板，就算做瓦。四緣團團轉轉，插上很多很高的經幡。院子都是蕿蒣籬笆圈成的，一把火可以在二小時內把雪燒成一片灰。西藏南下的乞丐，很容易在這些板房的外頭伸進手來偷盜，不過雪裡的居民多半是藏人，鼉人很少，所以他們對於自己家鄉來的人物也很會防範，還不至於吃大虧。絳喀才是鼉人聚居的村落，這個村裡的人，提起藏人來是誰也會頭痛的，誰也要搖頭的。不知道是什麼道理，西藏人是到處被人厭棄了的！此外在大旺寺南一箭之遙，還有一個翠南宗設立的米棧，所幹的事情和拉楞羌錐在翠南設立的米棧是一模一樣的。大概準是翠南宗眼紅著米棧的油水太豐富，白白地瞪著眼睛看拉楞羌錐發財，癢得實在熬不過去，也想照樣的撈摸一下。但是又不能同在翠南開辦而鬧成一洞不容兩虎的互鬥之局，於是改設於大旺，既可避去兩雄相扼之危，並且還可以趕先摘道尖兒呢！

　　鼉隅全區中，大旺是個首鎮，其次是數提郎宗，再次就是塔克郎宗（Tak-Lung-Dzong）。那兩地出產大量的手工搋成的紙張和丹瑪木挖成的木椀，這兩宗東西在西藏方面的銷路是很可觀的。這兩處的東面一兩天路外，都是野人區域，據說通過野人區，有路直通藏江折角的白馬崗，很有不少人走過這條路。這個地方的野人時常越境殺掠滋事，西藏政府對他們毫無辦法，祇得由提郎宗於每年夏秋之交，散些牛、羊、鹽、鐵、煙、布等物給野人，以饜其慾，不過是一種苟且偷安的羈縻辦法而已。但是這樣一來，就把野人驕慣得常常誇示著對

西藏人說提郎是他們的臣服之地。

整個的亹隅在政治組織上是很疏漏的，他們的中心應當是大旺六座（Ta-Wang-Dru-Drel），就是大旺寺堪布一人，大旺寺僧眾公推代表一人，大旺寺商上管事二人，絳喀莊的莊頭二人，共六個人所組成的委員會。但是全亹隅的政治重心，還是翠南宗的宗官，所以諾大的一個亹隅，在系統上還要受制於翠南宗。我們在地圖上看到提郎宗和塔克郎宗（這個宗名讀準了應作答隆宗）兩個地名，以為是兩個宗了，其實不然。整個的亹隅沒有一個宗治的設立，提郎不過是一個小廟，堪布還要由大旺六座公議放缺，塔克郎僅有鄉村中辦事的頭人罷了。這個大旺六座，也是各有各的系統。大旺寺堪布是由哲蚌寺的羅塞林札倉放缺，因為大旺僧眾完全是仇藏的亹人，所以他們公推的代表是無論何時都與藏人站在反對的方向。大旺商上論理是大旺寺的財務附屬機關，應歸大旺堪布簡放及節制，但是這個商上不知從何年為始，就歸拉薩的最大的四族世家之一的然巴（Ram-Pa）族世襲經管了。商上的主人翁既是然巴，無論何人想得這個缺的，須向然巴族運動。現在商上的主事人就是然巴的親戚，另外一家世家名為拉接日（Lha-Gyal-Ri）族府中的一個上等僕人。絳喀的莊頭是歸翠南宗官放缺。所以僅僅祗有六個人，門戶卻非常複雜，管理地方政治的效能也就低微得很了。

政治力量毫無一點的亹隅，對於一個強大國家的侵略，是無疑的不可抵禦。我懷著這樣一個惴惴不安的心理，去視察這次英國人抵大旺紮營的所在——就在雪的

下頭那個寬廣的坡灘上，緊靠著往提郎去的那條大路的北部。當我看完了各個帳房遺址的木櫥時，我很清楚地知道英國人選擇駐地的先決條件一共有四個，就是：

（一）須面臨大路。

（二）後面有蔭蔽。

（三）要一個整個的內務活動地帶，並且內部還可分做三個獨立的小部分，以便區分官長、兵士和苦力三種人員各自活動的範圍。

（四）同時要具有汲引和排洩兩種功用的水道。

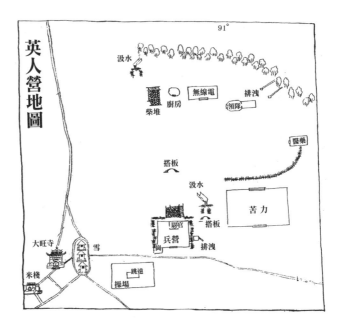

現在，我所看到的是完全合乎上述的四個條件了。一條溝水上下設備了兩個汲引口，把整個的駐地分隔成東西兩部。東部前面面臨大路稍為隆起的一方，就是苦

力營。其後差不多是片圓形的平側坡，東北角是領隊官的帳房和廁所，北面正中是一頂長方帳房，是無線電工作處。其西傍是廚房、柴堆，與汲水處，東南角都是醫藥帳房。左方有一排三尺高的細竹籬插在地上，這是表明官長和苦力兩個範圍的界限。最北上頭卻是一條東西向的橫溝，溝塍上長滿了灌木林，恰恰天然構成了一道蔭蔽的柵壕，也就是全駐地的最後的掩護部分，並且做了一部分的排洩水道。水溝的西部，傍著大路的隆高地是兵營，營後也是汲水處和柴堆。營前的右角一個土墩，這是哨兵的崗位，左側是廁所，溝水的下流就是廁所的排洩孔道。尉官的小室是在營內上方，兵士們的灶都在營內。大路的南傍，比兵營迤西的一塊較低的平場是他們的操場，正中還挖了一個沙坑，是練習跳遠、跳高等運動用的。溝上來往交通有兩道搭板，汲水口還特地挖深了幾尺，成為窖牆。編竹籬貼牆為柵，削木成戽槽，置牆上水口，使水可以垂直地懸淌，並且立足處橫鋪柴棍，使落地的水不能濺濕鞋褲。兵營的四周，距離三尺的地方，團團轉轉都插立三尺高的矮竹籬。營內各棚的間隔，勻淨而整齊，邁步的地方，都掘有尺餘寬和深的排水溝，溝上橫鋪柴棍。如果帳房附近有成排的小灌樹的話，便用長繩一一聯繫成柵，分隔成適合於各種活動的小範圍。雖然英國人已經離此一個多月了，但是我的印象直如親見他們迄今還在活動，一幕一幕都歷歷可數！視察時最令我注意的，還是那兩堆燒不完、帶不走而被遺棄的柴棍了！一樣粗細，一樣長短，堆得比人

還高，都是經過廓爾喀兵士手中的彎刀[33]砍伐來的，卻被大旺寺的僧人爭攘綑背，紛盜入屋，可謂便宜之至了。由於這些情形看來，英國人的那種秩序和衛生的訓練，是如何的高超！我從小對於露營的經歷是很豐富的，但是像這樣的美快卻從未享受過，也祇有自嘆訓練不夠而衷心欽羨於人了。

這個領隊官名叫「羅噶爾卜提斯」，這是照西藏人口中所說的音而直譯出來的，英文究竟是怎樣拼法，我也不敢忘擬。據說「羅噶爾」是印度東北邊境的一個城市的地名，「卜提斯」才是領隊官的人名，因為他是羅噶爾的地方官，所以把羅噶爾和卜提斯就聯起來稱呼了。我猜他是個專家式的人物，並且對於這個區域內的情形異常熟習。我又估計他住的帳房內至多不過住五個人，換句話說，這次和他同來做學術工作的人員祇多也祇限於五位，並且從藏人口中知道他們工作的範圍也不過限於採集動植礦的標本，和測繪地圖兩種工作，至若攝影、攝電影，這當然是分內工作。再者他們的活動區域，北未逾蜜臘山頂。這就知道他們並不是一個純粹的學術團體，他們帶這麼多的武裝來住了兩個多月，究竟是什麼意義？無疑的，完全的是公然的武裝佔領！誰也懵然英國人這回舉動的意義，大旺寺的出家人會在規定的節日外的平日扮神鬼跳舞來媚英國人的眼，大旺、雪的婦女會時常濃妝豔抹地唱「阿姐爛摸」（A-Cha-Lha-

---

33 即廓爾喀彎刀，形狀似狗的後腿，刀背既厚且鈍，但刀鋒銳利無比，是廓爾喀人十分喜愛的近距離作戰武器。

Mo，西藏戲劇）來媚英國人的耳。他們和她們喜歡看
廓爾喀兵士出操、踢球種種熱鬧，熱烈地談著一個單身
的廓爾喀兵可以黑夜裡打死一隻老虎的故事。野豬肉是
廓爾喀人最好的下酒物，但是英國人為什麼到大旺來
的？是很少有人理會的！或者竟有人心甘情願地歡迎期
待著！一直等到卜提斯親自對大旺人宣佈了，他憑著現
從印度政府舊檔中才發現出來的早年達賴喇嘛給印度政
府的親筆字據，現在要實行佔領時，這才使最愚笨的豬
也要曉得終有忍受那最後一刀的時候了！卜提斯又無日
不追問大旺的辦事頭人關於疊隅全境的差徭賦稅數目，
有些機警的藏人，自然編套謊話來敷衍，有些巴不得脫
離西藏羈絆的人，自然忍不住要老老實實地和盤托出
的。等到卜提斯送給大旺寺的疊僧許多厚禮時，眼紅的
西藏人才起了大大的恐慌了！忙著開會籌議對付之策。
由大旺鬧到翠南，由翠南鬧到拉薩，噶廈仍不嚴重視
之，中國的中央政府更是矇在鼓裡，祇有旅居在拉薩的
五、六個漢人才暗暗著急，乾著急也是一籌莫展，白瞪
著眼，眼看著一不做二不休的英國卜提斯先生秋後又要
捲土重來！我於剛剛完畢我的視察任務後，激起了一股
憤慨勁兒，不禁對於這個可畏的約翰牛大叔所以發生此
次舉動的最終極的陰謀的目的所在，是完全全清清楚楚
地深深體察到了！

　　首先我們要知道整個的中國邊界是北俄、東日，南
邊除了和法國交界的一部分外，完全是和大英帝國相連
的。中國現存邊界糾紛最多的，還是在中、英交錯的地
方。我們要知道片馬問題發生好久之前，英國人在野

人山的大金沙江那些區域中已經下了鐵杵磨針的死功夫了。如果我們尚未忘記片馬問題的失敗教訓時，我們早就該注意到又是一個野人區域的藏江下游。我們至今以為整個的藏印邊界都是固定了的，這實在是個大大的錯誤，因為藏江下游左右的邊界是隨時都可以被英國人的活動範圍而內移的！當緬甸割讓與英的時候，我們誰不以為滇緬邊界是毫無問題的呢！誰料幾十年後，會鬧出片馬問題，更接到一個班洪問題。我要大聲疾呼地說，我們現在對於中英藏印邊界的觀念，還是和曾（紀澤）、薛（福成）未向英辦理滇緬界務的前夕一樣！英國人祇要把在大金沙江玩過的一套老把戲照樣搬演到藏江下游來溫習一遍，就是第二個片馬問題！現在英國人在大旺的行動，實際是已步入了這個階段了！

現在英國人對於藏江下游的侵略，用的是蟹鉗式的進攻方法，藏江下游附近的藏、印通道，東面是經察隅，西面是經罿隅，從這兩處同時左右並進雙管齊下，想著在白馬崗之北，距昌都不遠的西背後一個適合的地點，作為東、西兩螯的接觸點。這樣一來，北上是切斷三十九族和玉樹的聯絡，換句話說，就是切斷青海內援的西上。中路正面，他是要威脅昌都，切斷川、康內援對藏的聯絡。記得民國二十二年的西康戰爭時，青、康兩軍都有旦夕克復昌都之勢，但是終不免突然的停止攻擊，這完全是受了外交部方面來的影響。稍為有點頭腦的人，誰都會明瞭這事幕後作祟的為誰，可見英國人對於昌都這個地方的垂涎了。南路是要東阻巴塘西進的川、康內援，和南格雲南北上的勢力，並且刓據金沙江

的上源，這樣又可和他侵略滇、緬北段未定國界的策略
首尾呼應。他要同時在巴塘、片馬和班洪三處附近，
上、中、下一齊下手，扼緊這條長江的源頭，真正是
「手揮五弦，目送飛鴻」的得心應手之極了！更說得刮
骨一點，英國人是不許中國的勢力跨過金沙江西岸的，
換句話說，它是不准中國和西藏有聯繫的機會。英國人
要永遠自居為西藏的保護國，這就是英國最終極的陰謀
的目的所在了！要達到這個目的，英國必須在中國和西
藏勢力可以接觸的中間地帶，設法建立一個實力雄厚的
根據地，所以必須佔領整個的藏江下游的野人區域。但
是野人區域不容易經營，於是捨難就易，改用蟹鉗式的
包圍野人區域的策略，實行東西兩路的合圍進攻。西路
的第一道門戶，就是這個疊隅了。現在大旺彈丸之地，
實際上已成為第二個片馬問題了。他的繼續的進攻路線
一定是由大旺漸漸地起頭北上，到翠南東拐，經覺髻
佔領整個的賈隅，再北折繞過匝日山出達布、工布，
到昌都的背後，大約是碩督或類伍齊[34]諸地，作為從察
隅、疊隅兩處伸進來的蟹螯的會合點。這個計劃如果成
功，那麼青、康、滇是和西藏斷絕了！中國是永遠和西
藏隔離了！

　　我們除了片馬教訓之外，還有一個卓木（Dro-Mo）
教訓。卓木是帕里之南和哲孟雄交界的一個小部落，現
在名義上還是西藏的屬地，但是實際勢力已完全握於英
人。藏英戰爭的時候，這個卓木竟反叛而倒戈向英。現

34　今類烏齊，藏語意為「大山」，位於昌都西方約 50 公里處。

在的疊隅的人心，已經是離叛乖戾，如果再有一次抗英
的戰事發生時，倒戈實在意中，所以疊隅實在又是第二
個卓木。西藏對印度的直接交通要道，除西部通拉達克
的幾條暫且不論外，自噶達克迤東迄定結，是和尼泊爾
交界，算是沒有直接通印的道路。再東就是干壩，[35] 這
是通大吉嶺的直接門戶，榮赫鵬的侵藏也是走此路進來
的。再東就是帕里經卓木通加林琫[36]的藏印通商唯一大
道，再東一直到翠南和不丹交界的邊上，也沒有直通印
度的道路。翠南南的疊隅，經提郎宗通鄂多拉古利，[37]
這是一條直接的通道。再東隔個野人區域，就要往察隅
去找直接通路了。

　　這個干壩、帕里、疊、察四路之中，帕里之路已經
是表現了今日藏、印交通上的最大功績，但是實除上比
較起來，四路中希望最大、效能最宏的，帕里之路恐尚
不及疊路的隱而未露的價值。因為疊隅不像帕里，祇
是對於拉薩和日喀則發生作用，牠的前程是隱隱地寄托
在匝日山的四周和一個野人區域，如果好好開闢經營起
來，前程是不可限量的！單拿現在的情形來考察，每年
冬季進出疊隅、不丹、印度的人數和商貨，已經是大有
可觀。據我的估計，大概除開帕里之外，就不得不推這
個疊隅坐第二把交椅了。差不多百分之九十的翠南人和
大旺人，一到冬天，就經提郎或札什崗南下印度去販
貨，這是毋庸諱言的事實。

35　今崗巴，藏語意為「雪山附近」。
36　即噶倫堡（Kalimpong）。
37　即烏達爾古里（Udalguri）。

　　再拿從拉薩經疊隅赴印的日程計算起來，那麼自拉薩翻廓喀拉至孜塘三天，孜塘至翠南六天，翠南至大旺二天，大旺至鄂多拉古利是八天，統共是十九天，就可以啣接汽車站了。比較現在藏印大道最繁盛的拉薩、帕里到加林埪啣接汽車站的途程，還要縮短一星期之譜。在自然條件上既是這樣優越，再加疊人的心理傾向和地方政治力量的薄弱而幾等於零，並且又比察隅距離中國的內地要更僻遠些。種種方面，都是侵略者的現成環境，機會到臨，自然而然的英國陰謀開始下手時，疊隅就首先被汙辱了！由於上述的種種推考，英國人今後對於這方面的進攻是決不會鬆手的，所以我在報告的第四節上寫著我對英人今後侵略動向的最低限度的幾個推測，現在讓我一一的解釋在下面。

　　（一）對於第一個推測，是不容疑惑的。或者因為英國有九國公約的義務關係，且是今日國際和平陣營中的主力份子，於中國抗日戰爭未結束時，不至於公然永久佔據不去，以激起侵略國家的反脣譏責，徒貽口實。

　　（二）換員與割讓交涉，事在必行，否則何必定欲武裝卜提斯耶！強迫之舉或亦因上述（一）項原因不致公開進行，惟暗中侵逼當然更為激烈。雖不必明居保護，也要唆使西藏自己再度宣佈獨立，這事在希姆拉會議中已開了端始了。

　　（三）我們要覺悟到滇、緬邊界和藏、印邊界是一個問題，班洪和片馬也是一個問題，性質都是一樣的，事態都是連續性的。班洪和大旺事件既然連續地發生了，滇、緬北界的事件自然是接踵而來。

（四）民國十八年藏、尼幾幾動兵，後來因我外交調解成功，才得寢息。交惡的原因，不過是因一個國籍不明的藏族商人被西藏方面答死了，這也並沒有什麼大不了，非至兵戎相見不可的地步。近年我在拉薩聽到當年達賴的近人所告訴我的，和去年我在尼泊爾旅行時所得到的傳聞，綜合起來一印證推敲，才知道這件事的惡化，完全兩邊都中了第三者的挑唆離間的陰謀。這件事總算僥倖地避免了，但是除此事件外，藏、尼間歷年的懸案仍是很多很多，都因藏政府對於外交技術的幼稚和國際眼光的錯誤，得不到解決。最近的一位尼國駐藏使節，便因懸案太多得不到合理的解決，而氣憤成疾請調回國了。所以藏、尼間的惡感是很深的，而英、尼間的關係是異常密切的，祇要英國人稍為有不慊於西藏的話，尼泊爾是架不住英人的挑唆，而藏、尼間的火藥線是會立刻燃著而爆發成為戰爭的。不過這方面是要看中國中央的外交方面的處置如何了。去年我旅尼時，看到這種情形，我就大膽地主張中國對尼應推進友誼，中國無妨爽爽快快承認尼國是一個獨立國，立刻互相交換派駐公使。我們要了解從噶大克到定結，差不多是西藏邊界的半部是完全和尼國毘連的，中、尼間有良好的友誼的話，足可以保障這邊的安全，並且可以使尼國成為中、英間的一個緩衝地帶，不致放縱尼人永遠地向英人懷中一面倒下去。

就上述的四項推測，我們就應趕快想些未雨綢繆的辦法和曲突徙薪的對策來，所以我在第五節報告中，提出了我的八項意見。現在也是要一一解釋一下的。

（一）、（二）兩項是毫無疑義的應有手續。

（三）代還債款，從前張蔭棠時代曾經辦過，很有成就。撤退藏兵的條件，並不是對西藏的一種壓迫行為，須知我如不先發制人，是終受其害的。

（四）換句話說，我們要有一個澈底的野人政策，所以對於野人區域的周圍，要設法開發。開發的要著，祇內外兩方面：涵於內的德意，也就是一個完縝的野人感化政策，這方面應令西藏的宗教能給國家以最大的貢獻；形於外的力量，也就是一個細密的經營建設，建設這個特別邊區的資本技術方面，也許可以給予英國人一個參加的機會。這個特別邊區的目的有三，就是：（1）防阻越俎代庖和鳩佔鵲巢的侵略；（2）我們要建設一個西康省的國防倉庫；（3）康、印間的國際交通幹線，這點如果我們在五年前成功了的話，那麼抗日戰爭的國際援路更多一條，至少要比較現下的始興趕築滇緬公路要減少許多困難，這是誰也能顯而易見的事實。實行這個建設計劃時，我們要緊不可放棄不丹，我們要使不丹成為西藏的國防倉庫和西康的國防倉庫，成為輔車相依之勢，至少的限度，我們也應使不丹成為中、英勢力中間的第二個緩衝地帶。

（五）我們應當準備第二個班洪事件的來臨，並且設法使雲南、西藏能夠聲息相連。

（六）這也是跟著來的問題，毫無疑義，康、藏是脣齒，當然要聯絡。

（五）、（六）兩項都是特別邊區應有的後盾佈置。

（七）經營特別邊區的切要的著手問題。

（八）這是全盤解決藏事的關鍵，不過待詳細討論之點尚多。

抗戰和建國是同時並進的，機會是不會常常照顧我們的，我們必須自己設法造就機會。我的八項意見，雖非解決藏事的通籌辦法，但是我相信內中有幾條是造就機會的策略，也就是我視察疊隅一趟所得到的一個最後結論。所以不怕大人先生們的值不值得一晒，我自不揣冒昧的提出來了！

其餘大旺的詳細情形，都載在報告第三節。我已盡了我最大的能力，所收穫的就是這麼渺小的一點兒。因為種種限制，不能讓我從從容容地作更進一步的採訪，並且我是受人之託的。既然事實上已經不能更有所獲，不如快快趕回拉薩，以免朋友們的懸念，並且還可共籌秋後卜提斯捲土重來的對策，所以我就決定不復再事耽擱而返身賦歸了。

九、歸途

憪惱歸休憪惱來，山林笑客性情灰；
雲和月冷飛泉淚，地與人乖斷雁回。
虎嘯時時風澗谷，鵑啼處處血崔嵬；
不堪膩雨沾襟舞，才識頇強是阿獃。

由大旺經翠南到登學南面那個有好幾處黑色牧帳的草灘的一段路，都是循來時的原路走的。自這個草灘的北首，就不再北赴登學了。由這兒偏一點西北向，望著

一個雪峰的峰麓走去，這就是暗示給我要從登學西面的山背後的那條鴐野的僻道，地名為特波（Te-Po）的那個荒峪中走向札囊峪去。由特波北上，逾一橫崗，崗上的地名為毒草毒水（Tsa-Duk-Chu-Duk），所有的峪水都是東流出登學峪。繼續北上，走到這荒峪的盡頭，就慢慢地上嶺，嶺上有兩堆石頭鄂博，鄂博旁側可以俯視到石山麓的登學驛房，從此就換入登學峪的西山高坡上行，一直到望見雅拉容湖才下坡。出峪口，沿著雅拉容湖的西岸，也就是郭爾波山的山麓行走——據說翻郭爾波山是到果，由果至拉康是很近的。雅拉容湖的西岸比東岸不同的地方，是有三、四條由郭爾波山頂的雪融化後，流下來流入湖中的潤水，並且要多兩段沙灘的軟路。在西岸望到東岸的那個失麻比峰，無論從湖的南端或北端走來，這峰總是在你的前面，我前則前，我後則後，你如果不走到那端的盡頭，牠是永不會到人的背後去的，所以「失麻比」取名的意義也是「觀無隱」的意義。西藏人稱這峰名的時候，前面還要加上「闕丹」兩字，成為「闕丹失麻比」。「闕丹」是浮屠的意義，可見藏人對於牠的尊崇了。

我們要仔細考察這峰何以成為「觀無隱」的原因，首先就應留心這峰的形式是一個孤立的圓錐體，位置在湖岸的中部。錐體的底盤開展得很大，無論從任何角度來仰視這錐尖，距離是相等的。如果我們不要把目標放在錐尖，祇移放於底盤上來望這個失麻比峰的話，便會恍然大悟地不感覺到一點神秘的意味了。傳說從前有一個名叫岡突仁欽（Gang-Tub-Rin-Chen）的喇嘛，他朝

山至此，腹飢口渴，既無食物，又乏飲水，他就撮土為堆，變成了糌粑，唾液於碗，變成了牛乳。燒火尖餐之後，棄乳於地，立成雅拉容湖，所遺糌粑，就隆然而成為失麻比峰，擲火石於湖，就成了現在看到的湖中心的那個小嶼。因為湖水的本質是牛乳，所以湖水的味是異常清甜的。這位神通廣大的喇嘛，後來在業河下游的闕科爾大（Chos-Kor-Ta）的地方修廟，就在廟中圓寂，現在他的肉身骨塔仍留該廟。又傳說這位喇嘛常到匝日山周圍一帶度化眾生，他在那邊所用的法號，是叫耶西朵結（Ye-She-Dorje）。完全的雅拉容湖不是一個整體，牠的北端被一條沙帶隔開，所以湖就分作南北兩湖，北湖的湖床要比南湖的地勢差高。走到北端，必須登坡在崗上，湖的全景始豁然在望，崗前的峪水，都北流，不再注入湖裡去了。

　　順著峪的西坡台北行，約五、六里路，就看見一股大水橫流，盡匯峪中的溪澗東下，流往業河。牠的源頭有西北兩支，我們在交點的地方涉水，進入北支源頭的深峪。這兒有一兩家牧帳，地名為莫如（Mo-Ru）。由此傍水之西岸行，不數里，即涉過換行東岸，漸漸地翻登馬匝山（Mar-Tsa-La），坡間看見了黃羊和狐狸兩種野獸。回望看那雅拉容湖，小得和一面鏡子似的，賈隔的大雪山在正南很遠很遠的天邊，排幕爛錦，東瞰業河，無數支流像百多條小銀蛇亂攢入江。這馬匝山口的道路，雖不甚陡峻，但其爬坡的盤曲是異常的雜亂，常常會使人弄錯方向。一登山口，才感覺到地勢是非常之高。崖壁顏色都是赭紅或深黑，一點植物也不生長，這

說明了這個地方在冬天完全是冰雪封鎖的世界。一過山口是很長的嶺脊，潮潤處僅生些苔蘚類的植物，蟲蟻絕跡，空無鳥翔，旅行人的呼吸是很困難的，望到周圍的山峰，都是積雪的尖尖，禿兀巔危，未免使孤單愁旅，頓生愴哽悲寂之感。

　　嶺上有幾堆鄂博，側邊一股向西淌下的澗水。據說順澗水下峪，是通拉康的路。由鄂博再北行數里，就是業河正源的盡頭。向東俯視，即見業河上游的古日堆（Gur-Tue）村莊，平視可見東日紐夏（Tong-Ri-Nyoe-Sha）雪峰。據說這雪峰是個空腹，中貯天火，宗喀巴建甘丹寺初成，曾經噴發過一次。我想或者是火山的遺跡。再上坡，盡是黃色的岩石，在這裡又翻逾一個山口，向西下，在坡間走約十餘里，又再上翻一個山口。這樣我才明白了這個馬匹山一共有三個山口，黃色岩石的地方是中口，中南口之間盡是嶺脊不毛之地，中北口之間有些窪峪還生長些牧草。中口的前後共有三條澗水，都是流經古日堆往業河去的，三個山口上都有亂石堆成的鄂博。不過一逾北口下山時，差不多都是直下的姿勢。落到峪地，昂首回望山口時，近在咫尺而翹立雲端。峪形非常的窄狹，雖是太陽當臨正午，也沒法射照峪底，一片陰森森的冷谷，在我這一趟的旅行中，要算此坡是最幽僻和最險要的了。

　　一離馬匹山的範圍，就踏進了藏江流域了。青草蟲很多，常常飛攢到人的耳、目、口、鼻中去，這就證明了已經來到一個比較氣候溫和，和地勢較低的地帶中來了。跟到峪水向西下行，這水在峪口注入於難

渡河（Nan-Du-Chu），河的上游有一個難渡莊（Nam-Du），有路通至羊卓雍湖。河水在峪口是由南流向北，更因峽谷崖勢所折，向東屈折一段後，再向東北方流下注入藏江。在折點處跋涉，登西坳的山崗，崗名為曲日崗（Chu-Ri-Gang），崗上仍是一個東西向的峪，峪中的水都流入難渡河。由曲日崗西向進峪，坡勢很緩，最高的分水嶺處名為將姑拉山（Chang-Ku-La）。過山後，又和藏江流域暫別，而踏進了直古湖（Dri-Ku-Tso）的內流區域中了。

偏向西南行，坡勢漸漸低下，沿途很有些牧帳，走了約摸有十多里路，峪中左右的山向西行脈，忽大折角改向北行脈，轉角處就看得見直古湖南端的湖光岸色了。立即爬登左山，山名為起家拉（Chi-Cha-La），一逾山口，就是直古湖西岸的起始，眺望東北角的後山，盡崎起上凌霄漢的一座大雪峰，這就是暌違久別的耶刺香波的背部面影了。起初還是在半山腰坡上向北而下，還未到湖岸的中腰，就落到灘岸。這兒有一條很寬的大路，直向西去，望到路的盡頭，有一排很大很大的雪峰，這就是羊卓雍湖的所在了，據說由這路去羊卓雍湖不用兩天就到。極目覽送，羊湖的雪峰消逝於腦後，就登一橫巒，名為西米山（Shi-Me-La），左坡上有數十成群的野騾。下巒後就是大大的湖岸草灘，灘中很有些縈迴亂流的潤水，土色現白，鹼性很重，潮濕處簡直就是沮洳，乾燥處又硬又燙足，一直迤邐到湖的北端，完全是要精足才能通得過去。直古湖沒有雅拉容湖的美麗，澄碧晶瑩的氣象祗限於南半湖，北半湖因為湖面露

出不少的淤沙，差不多是混濁灰敗的濁色。西北端恰好
是個面臨湖水的黃土懸崖，崖上有一小寺，就是因為有
這寺的建築點綴，才把湖的醜態完全掩遮過去。十幾里
路外看到這個寺宇的風景，宛若大海中現出來的蓬萊仙
境中的樓閣，還不知牠是直古寺（Dri-Ku-Gon-Pa）的
幻想呢！走到湖的北盡頭時，地勢又漸漸地高了，從直
古寺崖的西側上崗，繞至寺的後面，就是直古宗（Dri-
Ku-Dzong），統共才二十餘戶居民，並且還沒有農田，
牧有牛羊的便算大戶，窮瘠極了，實在沒有設立宗治的
條件和需要，徒然增加人民的差徭的負擔。聽說這二十
幾戶的焦頭爛額的人民，每年對於公家的負擔是很重
很重的呢！上崗又是西北向的峪，峪水也是下注於直
古湖，地勢是緩坡。稍上地名為家括拉則（Ja-Gue-La-
Tse），再上為奴那宗（Nu-Na-Dzong），附近有些牧
帳。又再上逾過最高的分水處，就緩緩地下行，算是離
了直古湖的內流區域，而踏進了羊卓雍湖的內流區域。

　　經逾貫熱山口（Guan-Re-La），同時連跨山前、
山後兩條北流的澗水源頭。下山後，接著就登東來拉
山（Tong-Le-La），這山不過是一斜踞峪口的支嘴麓巒
罷了。一條札則河（Dra-Tse-Chu）由東向西橫淌，東
望河源，正正的就是那個耶剌香波雪峰，峰尖就在平地
上堆放，近在咫尺，非常真切，至此我才把耶剌香波的
前後左右的無遺秀色完全飽覽足了！札則河是注入羊卓
雍湖的，涉過後就向正北登山，札則莊就在崗上。在這
兒我看到了土人的奇異裝飾，無論男女，頸上掛著一大
串紅紅黃黃的大如鴿卵的珊瑚或是蜜臘的珠鬘，拖垂胸

腹，同樣的髮辮上也是這麼一大串，耳環、手鐲、臂環，無不累累墜墜。衣服的前後擺角和胸腰，都染成一條條的各種顏色，象徵藏獅的花紋，片片扯扯，形容態度令人平生滑稽之感。據說當年滄漾嘉錯由壘入藏經過此處的時候，某村人把他奉承得很好，他臨別時囑咐這村人說：「以後你如往拉薩，到布達拉山下的高高的石碑的跟前，大呼三聲仁欽滄漾嘉錯，立刻就可以和我晤面。」後來這個村人果然到了拉薩，一天他喝醉了，偶然行經布達拉山下，抬頭看見石碑，陡憶前囑，立即對著石碑大呼了三聲「仁欽滄漾嘉錯！」坐在布達拉宮中的滄漾嘉錯立刻聽到了，就從窗裡瞰向街中的村人答應著，並且請他進宮裡來玩耍。這村人一到宮殿裡，看見那富麗堂皇的陳設，就莫名其妙地對滄漾嘉錯說：「你住這樣高的樓屋，坐這樣高的錦墊，還怕冷，要穿皮衣，明天我給你送些羊糞來給你烤火罷！」滄漾嘉錯感其意誠，就問他要做官不要。村人不願意作官，但是希望滄漾嘉錯穿的那套鮮耀的衣服也照樣的有一套，這樣就被允許了。遺傳迄今，札則鄉的土人們所穿的，全西藏再沒有第二處和他們穿得一樣的奇異服飾，居然還是滄漾嘉錯時代的朝衣、朝靴、朝珠等大禮吉服呢！

　　逾札則山口，前望一片水草豐盛的大灘峪，峪水完全西流注入羊卓雍湖，不要跟著峪水下灘，要從灘的東南端的山腰間橫拐，慢慢地繞向北行。十餘里逾一橫巒，地名為桑拉（Sang-La）。過此後，更上坡就入了薩保山（Sa-Po-La）的範圍了。薩保山一共有三個山口，自逾桑拉就慢慢登坡，過南北向的第一重薩保山

口，坡下有一道自東向西的澗水。不要見有水下流，就以為是已經下山，立刻順水西折想出峪，那就非要誤路到羊卓雍湖那邊去不可，至少要耽繞兩天的冤枉道。直跨涉過水去，水那邊看是有小毛道的山坡時，對直闖上山去，北走不幾步，才看見坡上還是一個南北向的峪地。順峪深進，到頭，峪勢就紐向西去，滿地長遍了大黃葉子，這才登坡爬上一個東西向的山口，這就是薩保山上的中口了。中口的坡下，也有一道西流注入羊卓雍湖的澗水，也是不可誤跟這水下行，應該從中口就右轉灣，順著山坡橫腰路，從澗水的盡頭處再左折回向北行，慢慢地爬上第三個山口。第三個山口之中要算中口最高最險而陡，爬山時呼吸很困難的。我經過這一趟的翻逾薩保山，在北坡憩坐抖汗的時候，歸納了一個永不會在薩保山口迷路的要訣，就是：「由北向南過第一、第二兩山口後，不要右折順水下；由南向北過第一、第二個山口時，不要左折順水下。」再說得簡直一點：「薩保山，山口三，不隨兩水往西趕」！一跨過薩保山，而下北坡時，又屬於藏江流域了，也就是札囊峪的起始。統計自特波到此的這條路，完全是個荒山野嶺，不見農事，盛夏如冬，祗有貪圖牲畜吃的青草，在沿途可以不化飼料錢的人才肯走這條路。一到冬天，盡屬冰雪封鎖的世界，要想走也走不通，是條沒有什麼價值的死路，我居然很僥倖的通過了這條死路！

　　薩保山的北坡異常陡峻，不差也是直下了一截，遠遠望到千山萬壑間橫置一疋蜿蜒的白練，練後是一排排、一堆堆的麵錐，這就是闊別久了的藏江，和衛、藏

兩水間的那區拉薩的南山山脈的積雪巔峰了。轉過一灣，就不見此景，直到薩保莊，才又眼親農田。已身臨札囊峪地了！由頭到尾，須盡一日之力，始能走出峪口。峪中雖有一兩個小岔峪——東岔赴耶隆、西岔赴羊卓雍湖——但是峪勢簡單得很，不會費旅行者的過多的思索力的，不像由馬匝山到薩保山的那段路，盡是岔峪，歷亂紛陳，縱橫錯雜的擺現出來，實在使我有些應接不暇而手忙足亂！眼前的札囊峪多麼順溜！一個筆直的正北方向，順峪水直直地下去，滿川綠畦黃疇，垂楊疏柳，流水潺潺，小磨軋軋，雖有幾段沙礫瘠地，但在整條的峪地中，竟祗占那麼一個渺小的比例。沿途村莊絡繹如魚鱗，記也記不清那麼多，單拿道路經過的來說罷，從薩保莊起，按著就是薩保寺、鬐直崗（Ra-Tri-Gang）、格連（Ge-Len）、厥昧（Jue-Me），這兒又看見了絳巴林寺的那個大白塔，又重返到札塘，又重返到孃喀的江干待渡了！

擺渡過江的渡口，並不在札囊峪口的正端，須得望西行一截，距我來時登岸的碼頭所在差不多要隔離十里路的光景，並且中途還要經過一個三家小村。重又聽到了和風蕩和著的舟子的微顫的吹嘯，河中搖擺，被兩道橫阻的沙攔淺兩次，好容易才渡到對岸，恐怕至少已經在水上耽擱了三小時了。北岸的渡口恰是札（Dra）峪的峪口，岸邊盡是沙丘，看不出有入江的峪水，沙灘上隨時都有待雇的牛、驢，準備接運皮船上下來的人和貨。渡錢是隨意給的，舟子是以貌取人，或多或少的討取酒錢，滿足了，他才搖著皮船從水面上蕩回家去。明

天他又來這兒，照樣的擺渡。這個渡口是規定一天一渡
的，舟子天天從札囊把皮船揹著沿岸走上來。想渡的人
須要守候著他，如果一脫班，不是待明天，就要再西上
到朵接札寺的對岸乘大木船渡江，那兒祗要不是天黑，
隨時都可待渡。即使牲畜也可以過江，不過那樣渡了，
還是要倒回至這個札峪來翻山，須多繞些道兒，否則祗
得從朵接札寺後翻常古拉山，可是那條道路就崎嶇得不
得了了。

　　走完了沙灘，才知道這條峪水還是相當的大的，才
知道峪地也還是一個好農利場所，頭一個莊就名為札。
由札北進，先傍水東岸走，直到誐札寺（Ngar-Dra）的
大門口，就過橋走西岸，峪中農田盡於此處。不一會
兒，峪水從兩岸的大岩石的罅隙間轟洶大響，橫跨著一
道小橋，從此就漸漸地步入佳境了。

　　不用過這小橋，緩緩行來，夢也想不到和拉薩祗一
山之隔的溝峪裡有這樣好的山林風景。除了沒有圓針杉
一樣東西外，無論泉潤、樹葉、蒼苔、石磴、鳥語、花
香、岩石、翠嶂，一切一切，都可以和蜜臘山的上半截
相比較，樹木扶蘇，溪澗淙淙，景物幽壯，頗恣懷爽。
為了節省我的墨水起見，不欲累贅地過事描寫，讓會心
的讀者們獨自去冥悟吧！

　　札拉（Dra-La）山的山口是東西向的，下了山口，
還是北向出峪，簡直是亂石橫疊，舉步維艱，一點好
景也沒有，與山陽直有天淵之別。一直到直洗噶（Tri-
Shi-Ga）看到莊稼時，沒有一步平路給人走！由札翻山
抵直洗噶的這段路，祗有比整條的札囊峪有長而無短。

午夜雞鳴三更的時候走起，直要到日落西山後才能到達，並且這還是在長夏之日，不如此則中途沒有息宿的地方，這硬是一個沒有休息的一口氣的連續十八小時的徒步運動啊！

由直洗噶到明炯崗（Min-Jung-Gang）[38]不過一半里路，由明炯崗對著隔著衛河的果拉山（Go-La）出峪。才出峪口，豁然地西望平地上矗立著兩個石筍尖，一眼就認得牠們是布達拉和藥王山了，登時換上了一副喜歡的面色和一顆空空落落的心情。沿著山麓迤行平岸，側繞策（Tse）、貢塘（Gun-Tang），就到了衛河的渡口的香喀（Shang-Kha）。渡過河，便是公布堂（Kun-Po-Tang），豈不是已經回到拉薩了嗎！

十、後感

十力不怖	圓勤覺悟	無二寂門	道諦真話
聖資上眾	八解脫具	異寶三者	顯被加護
諸佛慈悲	自色舵師	彼離言說	多劫前嬉
眾趣染寂	脫闇救痴	發心正誓	無礙威施
語勢美卓	賢明能教	大海法衣	邊際櫂趁
離怖吉祥	八自樂樂	勝臨荒合	軍之宿效
熏習心情	靈光熾明	明麗日中	化身其迎
迎清虛境	光明遍行	行福斯土	超勝周盈
末日愚眾	深沉溺眾	拔濟彼岸	顯密共諷

38　即明珠則日或敏珠則日，位於拉薩南郊。

如法象渡　光鬘引送　聲教百葉　解脫怡弄
聞思修放　彌微舒暢　精純賢德　甘同蜜釀
持護增長　六足身望　演諍著造　妙樂常唱
遊清涼園　唯斯藥村　無邊有意　退孽果門
十善善果　喜樂祥存　常行威力　成無盡論
庇天本師　悲愍加持　勝海佛業　功能力支
恭敬勝解　一真實辭　統攝如願　麻麻成之

　　　　　　　　班禪造《達賴轉劫禱祝表文》

有旁圈的字依序排列合起來是達賴法號「誐旺羅桑吐丹嘉錯急折旺曲崔雷南接德」的翻譯 [39]

　　當我把行裝甫卸，坐蓆才暖的時候，對於這次調查大旺所經歷的觀感，立刻一一翻騰入腦湧回記憶中來，不禁喟然而百感橫生。我感慨的是什麼？我感慨的是中國人迄今還沒有一個對於西藏的正確而遠大的眼光！目今我們內地對於西藏關注較切的，衹有兩種人：一種是一班想作西藏通的邊務政治家，其餘的一種是想在靈山道場出風頭的宗教徒。頭一種人把西藏看成自己身上的一個疔瘡，總是時時刻刻地想法子要割治這疔。他們不知道疔瘡是不能破膿的，越割則毒越散爛到全體，不但治不好，且害及生命。中國三十年來的對藏政策，完全是壞在一班操切過激的人的手裡。第二種人是把西藏看成一座寶山，總是時時刻刻地想法子要把這座寶山裡的奇珍異寶不留餘滓地搬回內地來陳列，於是就有一班

39　即第十三世達賴喇嘛。

佛教革新論者出現了。這兩種眼光是完全錯誤的。其結果祗會逼得怕嘗刀劊和怕失珍寶的西藏人，越加日夜提心弔膽地和內地疏遠而隔絕。據我看來，西藏是個兩面大山間的一條絕澗，我們必須化費無限的精神和物力來建設這澗上的一座大橋。大橋工竣之日，就是西藏問題解決之時。所以西藏又像是個大陷坑，我們必須要拿無量的金錢丟進坑裡去填平牠，所以把西藏拿到手裡實在是中國大賠錢的霉頭。但是我們就因為怕賠錢而拋棄西藏不要了嗎？這也是不對的！我們決不能因為一座橋或一個坑的資本太大而鄙棄自己的久遠的希望。這個希望是什麼？是從橋上走過絕澗的對山的拓殖和填平了坑地上面種植後的收穫！我們應當在這種未來的拓殖和收穫的無窮的希望上頭作遠大的打算！總理遺囑上說：「聯合世界上以平等待我之民族」，我們如果站立在喜馬拉雅之巔向南俯瞰，汪洋數萬里，無論大洲小島的芸芸眾生，都是和華僑共同生養棲息的民族，我們要聯絡這些民族來「共同奮鬥」，以求達到三民主義的最終目的的「世界大同」。那麼最有效的聯絡方法，無過於給這些民族以實力的援助，援助他們的路道，是要靠著西藏是一個解放的總樞紐的機構，這才是我們唯一的未來的無窮希望上頭的遠大打算！我們還能說是不應該耗錢來造這座橋或平這個坑嗎？所以西藏問題是整個的中國問題，也是亞洲問題，也是世界問題。西藏問題的解決，等於三民主義的世界問題的抬頭！我們的眼光如果能看到這一點聯繫的關係時，我們就應當從根本上來重新考慮我們的西藏政策！

　　「善用兵者無赫赫之功！」我希望以後的辦藏事的人不要燥急邀功，「為政之上者因其情而治，次者導其情而治」。我們應當懂得這個「因」和「導」兩字的妙訣，辦理藏務的大人先生們，試返躬自問，對於藏情知歟？不知？如果情猶未知，自然談不到何以「因」之和何以「導」之的治法了。我們要做到「因」字，必須極力迎合藏人心理，凡是他們願意的事，我們想盡方法去滿足他們，凡是他們所不願意的事，我們想盡方法來避免他們。我們要做到「導」字，必須極力貫澈自我的主張，凡是我所願而彼不願的事，我們想盡方法去勸誘他們，令之踴躍參加，凡是彼所願而我不願的事，我們想盡方法去訓誡他們，令之甘心接受。同時下這兩個字的工夫時，很會遇到許多極端的矛盾錯舛的情態出現，這其間的裁補、彌救如之何而加減盈虛，那就完全要看主持藏政的人的聰明和手腕了。三民主義上說：組成民族的五要素中，宗教也是一個要素，新憲草案已經規定西藏是個藩地。照我個人的意見，我們應當根據宗教的情形來定下一個「因」而治之的政策，根據藩地的情形來定下一個「導」而治之的政策。換句話說，我們要有一套澈底的宗教政策和澈底的教育政策。宗教政策的中心原則應當是：

（一）以達賴、班禪，以及其他有西藏攝政資格的喇嘛，和拉薩三大寺、札什倫布寺為重心。

（二）西藏政教分離。

（三）中華民國廣大的領域中，應開放給他們以無限的傳教機會，並政府切實保護。

（四）國家擔負全部施主的責任。

（五）政府實行宗教任務和事發的統制管理。

　　教育政策的中心原則應當是：

（一）重心寄託在下一代的西藏人。

（二）使西藏人成為民國的人民，忠於國家。

（三）西藏政策的服從者的栽培。

（四）西藏土地和宗教的保護者的訓練。

（五）大中華民國國族的胎孕。

　　這兩個政策，必須經過長期的努力，堅忍持久，並且要有強有力的經濟力量來推動，這就是我說的耗錢的第一部分了。執行這兩政策的人，必須雅有「王道無近功」的涵養，並且在宗教政策上避免殺伐的行為，在教育政策上避免同化的痕跡，尤其不要過早提出西藏建省的建議。拿著這兩個政策來作為其餘一切對藏政策的基礎，那麼政治家無須施用刀刲，祇要在外交上對英國討些散毒聚膿的方劑來，自己身上的疒不用割也痊好了。宗教徒無須親自跋涉，祇要勤自修習，那寶山中的奇珍，一齊都同干將、莫邪化為延津之雙龍而自然飛至。我們這樣來處理藏務，西藏人自然不再日夜提心弔膽地和我們疏遠隔絕，反而要趕著和我們親愛團結，因為我們是真心誠意的扶助養育他們，這是真正的王道的政策。有這個王道的政策做基礎，其餘一切霸道的如軍事的、經濟的、政治的……等等的政策，才可以收效。這樣幹來，二十年或五十年之後，藏事可以獲到解決的初步成功，走到中國未來的無窮希望之境域去就很近了。

　　我稟著這種眼光來觀察和批判西藏的一切，我覺得

在西藏發生的動靜，沒有一點不會影響到全中國的。藏布江裡的一個水泡，可以立刻波及黑龍江和伊犁河。所以我在布達拉山下看到十全武功碑，就會聯想到北平城內的雍和宮，[40] 也是同樣的一座紀功凱旋門。布達拉宮中供著萬歲牌，我會疑心喇嘛們在供溥儀那逆賊。在三大寺中碰著東北四省的蒙古僧人，我會提防他們是偽國[41] 派來的偵探。這回大旺事件的發生，我自然而然地會聯想到片馬和班洪兩處了！所以英國人這回侵擾大旺，還是承接著片馬和班洪的一根線索而來的，他們心目中的侵略對象，完全是中國的中央政府，並非西藏的地方當局。我們須要了解這層意義，所以我們的設身處地，應比西藏方面更要謹慎對付。起始觀察這回事件的原尾，當然誰也能覺察到這事是才圓寂不久的十三世達賴吐丹嘉錯拖下來的一個尾巴，這事件的責任應該是歸他負的。但若我們歸咎於他，說他不應該這樣鬧亂子的話，還不如先事考察他為什麼非這樣鬧不可的原因之為愈。我們先要了解，達賴是一個宗教教主，他是以宗教為無上主義者。釋迦不是棄了王位而出家的嗎？釋迦不是眼看著同族七萬人被火燒死而不能救援的嗎？由此我們就要曉得一個虔誠的佛教徒，自有他的一種特殊的變態心理和異乎一般人的思想。所以祇要有一任何強大的國家，能夠擔負喇嘛教的廣大保護和推廣的義務，達賴是不惜將西藏的全部領土雙手奉送的。這樣在我們看

40　北京最大的藏傳佛教寺院，原為雍親王府，乾隆年間改為寺院。
41　即滿洲國。

來，無疑地要處達賴以賣國罪的死刑，然而達賴卻並不
這樣想，他覺得賣國不過和賣一挑狗糞一樣的不算一回
事，祇求有功於佛教的存在，賣國正是他做菩薩的人的
成佛的資糧，則賣國又何樂而不為呢！實際上吐丹嘉錯
並不是我們眼目中的賣國賊，我們須知道他本人躬親藏
政不過才三十年的時間，在這時期內，西藏並沒有丟失
尺寸的土地。祇要熟習同、光以後藏情的人都知道，所
有西藏南邊領土失棄的責任，完全不是達賴應負的，這
也無須我來替他辯護，自然有事實可為佐證。

　　然而他究竟和中國隔絕了三十年，這又是什麼道理
呢？這就完全要歸咎於有泰、聯豫、張蔭棠、鍾穎等一
班人的操切的政策了！尤其是宣統末年的下旨革職查辦
達賴喇嘛，和辛壬之交的駐藏陸軍變亂時哥老會的囂
張跋扈的情形，簡直是無法可以追述。由此時起，西藏
人就完全認中國人是破滅佛教的惡魔，由此時起，中國
失去了整個的西藏民心，達賴認中國不足以語保護佛教
的責任，所以異志頓萌，叛而獨立，於是《蒙藏條約》
就出現了！如果不是這一點宗教上的惡感的話，英國人
究竟是一個異教徒，無論如何是不易慫恿達賴的離叛
的，並且從達賴生前對英的態度，和許多英國人著書中
描寫達賴的性情上看來，藏、英間並沒有什麼真誠的友
誼存在，一時的勾給不過是互相利用罷了。在這一個勾
給上，達賴借英之助把中國軍隊驅回打箭鑪，英國藉此
討償疊隅、賈隅作報酬，但是達賴一待川、康方面的軍
事告一結束時，反而以「疊隅、賈隅是中國大皇帝的土
地，現時不過由我暫為代管，所以我沒有權能夠自由處

分這兩地，所以我不能割讓給你！」的理由來直接答復英國人，同時又慢慢地想和中國拉攏，要借中國的力量來保持這兩塊土地。中間經過英國人的屢次索取，未免露出了猙獰的面目，再加親英派藏官的兩次革命運動，更加加重了達賴避英親中的轉變心理。這時舊怨早雪，新敵方長，尤其看到英國人極力的在英屬藏族領土中傳播耶教，這才寒心，覺得英國才真正是直接破壞佛教的惡魔，而中國究竟還是在世界上擁有最大多數佛教徒的國家，這就加緊了達賴的覺悟。所以一經十八年貢覺仲尼聘使[42]之後，達賴算是和國民政府接近起來了，同時中國替西藏解決了藏、尼糾紛，於是達賴對於國民政府的領袖人物是很表信仰的。不幸中間還經過二十二年的青康聯合對藏戰役，我想這一役的責任，達賴自己頭上祇有一小部分，大部分是應歸第三者的挑撥和一班臣下的貪功冒險所釀成的，然而達賴究竟還是因為這一役的太不得意而鬱鬱以終了！直到大旺事件之起，這位活佛的一生重又回復到我們的記憶中來。噶廈把這件事推諉於病故了好久的夏札倫欽（Sha-Dra-Lun-Chen），[43] 其實還是當年希姆拉會議時的一個把柄，所以我說這是達賴遺留下來的一個尾巴！由此我們來批判達賴的一生，他的聰明才智和處理國事的幹練手腕，在過去十三個達賴之中算是第一，他處中、英兩大國間，對任何方都不

42　貢覺仲尼（1883-1944），1923 年奉派赴北京擔任雍和宮住持，1929 年赴南京會晤蔣中正後，代表國民政府赴藏處理中藏問題，1930 年返回南京後任西藏駐京辦事處駐京總代表。

43　即夏札·邊覺多吉或夏扎·班覺多吉，曾出任噶倫、倫欽等職。

即不離恰到好處，能夠善保他個人的尊崇地位，他竟還是一個未受絲毫治國平天下的新式教育的僧人啊！豈非天才耶！

因為歷代達賴對中國的關係是與整個的清室相與始終的原故，我願拿達賴的世系和愛親覺羅的世系來比較一下，我覺得根頓翥（Ge-Don-Drub）像努爾哈赤，根頓嘉錯（Ge-Don-Gya-Tso）像皇太極，率南嘉錯（Sod-Nam-Gya-Tso）和圓丹嘉錯（Yon-Tan-Gya-Tso）像順治，誐旺羅桑嘉錯（Nga-Wang-Lo-Zang-Gya-Tso）和格桑嘉錯（Kal-Zang-Gya-Tso）合起了像文武全才的康熙。這個吐丹嘉錯的陰柔忍狠的性格，就要算是雍正了，他的一生辛苦艱難，獨立掎拄，在歷史上雖比不上趙佗、張軌、錢鏐、王徽等人來得恭順，然而比起皇姑麋身的張雨亭的身死無繼志，隨而東北淪陷的實際保衛疆土的功勞要大得多。假使我們能夠洞知雨亭生前的苦心孤詣，難道不能窺見達賴畢生的縱橫捭闔嗎？論起兩人的稱兵構禍，原是一樣的罪無可赦。然而我們究能原宥雨亭，無非為的是他那皇姑一死，然則達賴死後之得封為護國宏化普慈圓覺大師也是分所應得！

我們辦藏事，我覺得達賴若還在世活著的話，有些事情早就妥切地解決了，因為他是藏事的重心。十八年貢覺仲尼奉使之後，原是一個解決藏事的最好關頭，可惜那時主持邊務的人缺乏銳利的眼光來再接再厲的繼續幹下去。如果我們拿那年貢覺仲尼來回賫呈的書函對比地研究起來，我們立刻可以發現藏方的著重點在錢，政府的著重點在康、藏界務。我們要曉得達賴並不是一個

頭腦十分頑固的人，他是想著得到中國的經濟扶助來讓他自由地建設庶政，公路、鐵路、航空、市政、電廠、兵工廠、學校，他都想開辦，祇因他對於國府主席的答覆書信上提出的康、藏界務，還在打箭爐之東的那條太苛騖的界限的威脅，就把那時辦藏事的人嚇得縮回頭去，再不敢談藏事了！其實據我看起來，界務是不成問題的，其理由有五：

（一）如果西藏自認猶是中華民國的領土，那麼康、藏的界限是無須來爭此多彼少的，並且我們還要幫助西藏來保護藏、印的邊界。

（二）界線是靠兵力的佔領範圍而定的，那時藏方絕無實力佔過打箭爐，達賴函中的界線不過是種空氣作用罷了。

（三）即以那時兩方兵力所佔有的範圍來劃定界線，達賴已是很滿意的，不過我們須要他承認西藏的外交要全盤移歸中央辦理，和中央來訓練西藏的軍隊，由中央直接統籌軍費。這兩點達賴是很可以承認的，因為西藏可以從此沒有外交上的壓迫，和西藏可以不費一文而得到大量的良好軍隊，並且達賴本人可以安心地專一來發展宗教和整理庶政，中央則從此可無西顧之憂。

（四）在一個頑固而守舊的民族中，推行新式事業，在成功上是很困難的。如果我們在青、康、藏這些藏族地域中來實行新建設，不如僅僅把計劃和方案擬好，和供給資本與技術人才，交給他們的教主來直接辦理，恐怕要比中央自己下

手幹的話要來得容易成功些。所以當建設事業進行之始，更不必於急急於康藏界務的解決。

（五）達賴要建設一個現代的西藏，必須要許多專家和技術人才，如果中央誠意來扶助他，他必須請教內地的大批專家和技術人才，不然也得派藏族子弟來內地學習。這樣一來，我們就可以灌輸新的精神和教育到西藏去慢慢地孕育民主的種子。

有這五個理由，合著我們遠大的打算，當時我們就應當慨然地應諾中央為西藏教法的大施主，界務也不必十分爭持，僅可能的讓他拖而不決，藏事就很輕容易地解決了。二十二年的青康對藏戰事就可以避免，也許大旺事件就不至於發生。竟或現在的抗日戰爭還可以有藏族的軍隊參加作戰，或者更會多出二三條比滇緬公路又偉大又保險的軍火運輸血管出來！可惜當時的人們被達賴的一個界務重拳頭一擊，絲毫想不出應付的方法，隨他怎樣吃勁的拳頭，我們要「四兩擋千斤」軟軟地迎應，批暇蹈隙地回擊，要這樣來辦理藏事才行。再則，無論辦什麼事情，總要具有「擒賊先擒王」的決策，不料我們差不多近十年來對於「擒」的對象，總是捉摸不到一個真正的重心——達賴——或者竟對這個重心棄而不顧，卻揍著一個偏心輪子——班禪——結果兩個都著空，雖然現在的西康邊界是向西推進了一點，但是藏事的沒有解決也依然如昔！

達賴死後，西藏更陷在麻痺的症狀下，症候的來源是什麼？是班禪的返藏問題！藏方對班禪個人是沒有什

麼問題的！「閻王好見，小鬼難當」，問題是藏方怕班禪的蓮花寶座下的這幾位兇神惡煞返回西藏來稱混世魔王！本來達賴、班禪的不和，也完全是兩邊嘍囉們鬧起來的，追根究底是完全不值識者一笑的一兩宗小事件，祇要有一個賢明的中央派一個賢明的幹員到局中來，三言兩語就排解開了。終因班禪方面的人在內地住的日子久了，摸透了辦事人的心理，盡揀著他們喜歡聽的話來說給他們聽，於是十年來辦理藏事的人們所聽得的藏情，完全是一方面之詞，政策也是偏利於一方面的政策，結果自然惹起藏方的不快。這樣來辦藏事，當然是一個「刻舟求劍」的毫無所獲了！如果中央把十年來為了藏事花費的和豢養班禪及其部下的那一筆幾百萬的經費完全發給達賴，指定幾分之幾為達賴的年俸，幾分之幾為三大寺的常年經費，幾分之幾為宗教的推廣費用，餘下的完全作為西藏的建設經費，由達賴自己妥善支配。再請達賴自己出面迎回班禪返藏，中央隨派一個大員，把前、後藏的糾紛一調解，就可以不用一兵，不發一矢，而藏案就解決了！

可惜，達賴已經死去了！機會已經失去了！西藏已經沒有重心了！現在西藏政府中的人，沒有一個能夠像達賴那樣的精明強幹，沒有一個能夠像達賴那樣的艱苦掙拄來保護國土，情形已經和達賴在世時完全不同了！我們再不能用前述的寬容雅量來處置藏事了！我重新來主張，川、康軍更應西進，進一步算一步，一直抵攏西藏和拉達克毘連的邊界為止。同樣的滇軍應西禦野人山，北抵藏江下游的左右兩岸，青軍至少要到黑河！

我大聲疾呼地喊出川、康、青、滇四省的軍隊同時要「進！進！進！」但是進是要進，仍不可因此激起西藏叛我的內戰，仍就要仗袞袞諸公的政治大才，來和平商討出一個澈底解決藏案的最後辦法！已經失去了的機會，就是給我們眼前的教訓，已前的失誤愈多，也就是今日的教訓愈重，也就是將來成功的收穫愈大，我們不要再等待機會的來臨吧！從今起我們要自己來製造機會！機會怎樣製造？換句話說，就是製造新的西藏重心！三十年來因為西藏的重心不容易應付，所以我們便不能順利地解決藏事，既然現在西藏已經是沒有一個重心，我們便要乘此沒有重心的時機來趕快努力製造合乎我們理想而又可以得心應手的新重心，這就是我對西藏問題的新辦法！我的新辦法是要合著我的大橋或陷坑的眼光來設計一個遠大的打算，這樣的來估量現在的西藏。那麼現在的西藏問題已經不是把西藏拿得到手不到手的問題，是拿到手後怎樣幹下去的問題。如果拿到手後又幹不起走而復重丟失去的話，以後是永遠不要想拿回來了！曉得這一點，我們更應了解新的重心要有運用自如的需要，咬緊牙關來穩幹、實幹、硬幹——不主張快幹——不貪功、不圖利，一味地陰柔忍狠來周旋。

一拿住西藏到手，就可以有力量永遠永遠地保持著！這樣我又主張我們的新重心不但要運用自如，並且同時要有好幾個，第一個把握不穩時，立刻就要拿出第二個來！第二個不穩時，又拿出第三個來！

第一個重心應當培植在三大寺內，我們應當設法派遣大量的漢僧來藏學經，使三大寺的每一院、每一康

參、每一密參中，都要住有漢僧。這樣在平時可以得到許多真實的情報，緊急時還可以監視邊人的行動，並且由政府來設法幫助這些漢僧考格西，幫助他們考得格西後，來考做各院的堪布。這種堪布在西藏的最高國政會議中有壓倒一切的發言權和監察權的，這樣就成了我們在西藏政治上的最高原動力的重心。

第二個重心應當由蒙、藏教育來培植，我們應當在青、康、藏三省設立無數特別為藏族兒童設立的小學校和幼稚園，鄰近邊省的內地應當有一個專門訓練辦理全盤西藏的各種各色各部門的事業的下級幹部學校，在中央應當特別指定一個大學來開辦一個專門研究西藏一切實情的民族學系。換句話說，我們要把整套的西藏教育分作初、中、高的三等級的教育教段，來分別地培植貫通西藏事業上下各層的人才，並且加以統制，這樣就造成了西藏一切事業運用力的重心。

第三個重心，我們應當培植現時所有經營西藏商業的內地商人，我們拿全國的力量來組織，來扶助他們的發展，和指揮他們的散佈深入全藏的鄉僻深遠的地方，去推行合作式的消費事業，造成經濟力的重心。

第四個重心，我們應當培植新轉世的第十四輩達賴或第七輩班禪，使他還未成年之時，設法令彼於學習教儀和經課之餘來讀漢文，灌輸民國的觀念深深印到活佛的腦子裡去！我們應當曉得活佛是和皇帝一樣的，我們能夠培植一個好皇帝來，當然我們也能培植一個好活佛出來。歷史上第一個受民愛戴的好皇帝是宋仁宗，他為什麼能夠這樣「升遐之日，雖山野窮峪之民，無不痛

哭」呢？無非是他在做太子的時候，所受的教育完好罷
了！現在民國時代，皇帝固然不需要了，但是活佛的存
在又暫時打倒不了，那麼我們祇有端正好一個合於民國
精神的良好的活佛教育來令新轉生的達賴來接受，這樣
便造成了我們信仰力的重心。所以一個好喇嘛，要受到
民國人民的愛戴，也應同作皇帝的人注意幼年時的皇子
教育一樣地來注意活佛們幼年時的活佛教育。我們如果
這樣辦的話，希望在歷代達賴的世系中，也像愛親覺羅
的世系中出個德宗載湉樣的人物的話，我們最好要把新
近從青海方面尋覓得獲的達賴呼畢勒罕在內地多多挽留
幾年，以便他接受充分的民國教育。我們不但對於達賴
一個人應這樣辦，對於班禪也應這樣辦，對於今後任何
大小活佛喇嘛們轉生的呼畢勒罕，一概都應這樣辦！

　　從上面這許許多多思考結論下來，政治家應當牢牢
記著西康的界線不是金沙江，或寧靜山，或丹達山，或
祿馬嶺，西康的界線是整條的喜馬拉雅山脈！如果我們
能夠扶助西藏來經營藏江下游野人地周圍的特別邊區
時，也就是眼前康、藏界務不解決的解決。宗教家應當
牢牢記著三大寺是中華民國的三大寺，不是西藏人的三
大寺，達賴喇嘛是中華民國的佛教教主，不是西藏人的
佛教教主。我們不要單單躲在內地來當馬丁路德，我們
應當到藏江下游的野人區域中去做李溫斯敦！耶穌教徒
到巴布亞人的地方中去傳教的精神，難道我們「聞一句
法，雖頸刎白刃、身墜火坑，菩薩亦不畏避」的號稱為
受了菩薩戒的大乘佛教徒就不能辦嗎！所以我說：「中
華民國的政治，是保護各種宗教信仰自由的政治；中華

民國境內的宗教，是替國家開化境內各種不文明民族或
對外宣揚國家光榮的宗教！」

　　那麼我們下手幹的時候，就要不過重視武力來壓迫
西藏，和捨得化大錢來買動西藏，更要牢牢記著的兩句
話，就是：

　　「財可施而不可枉，兵可進而不可伐！」

大旺調查日記

1938 年

7 月 17 日

　　大旺事件發生後，拉薩已是鬧得滿城風雨了！當我由寺上跑到拉薩去郵寄《藏尼遊記》稿時，遇到張威白[1]談起，他懷著不久就要作駐藏欽差大臣的那股高興勁兒來和我商量，要我到大旺去瞧瞧，來回的旅費歸他負責籌措。我呢，久想到不丹去觀光觀光，正好藉此順路過去，所以立刻毫無猶豫地答應下來。為了避免西藏當局的疑忌，我們同意了不向藏政府要烏拉馬牌，為了沿途要作些工作，我覺得步行要比騎馬好些，並且徒步的旅行，比騎馬的旅行對於所經過的地方的感觸要親切些，而且不易使印象湮忘得很驟速。不過行李和食物是要一匹牲口來馱負的，如果途中走路疲乏時，還可騎牠一截兩截來接接氣兒。於是我們找到了一位才從玉樹方面來藏已有半年的巴塘人蕭先生，講妥四百兩藏銀買了他的一匹騾子，登時就付了半價，言定第二天就牽騾子來。不料十天半月過去了，騾子既沒有到手，這位姓蕭的仁兄復杳如黃鶴的從此生不碰頭、死不見面了！算是張威白倒霉，白白地損失了二百兩藏銀。這也算是我這趟旅行開始前的一點小波折呢！後來我就改變方針，決

1　張威白，1934 年作為無線電工程師隨同黃慕松入藏，後擔任拉薩無線電台台長。蔣致余離藏後代理其職。

定先到山南，在山南的鄉下地方買匹小毛驢，一則比騾子價賤，而飼料復省不少的經費；二則我個人侍候一隻形體較小的動物，總要比形體較大的動物要省些氣力；三則如果一逾喜馬拉雅山上下於羊腸鳥道間，小動物究竟要比大動物靈便些。這樣決定之後，我就開始準備了。

　　一個仲夏之季，全個拉薩被雨泡透，從來沒有見過日本人的西藏男女，都在衛河岸畔的十里柳林中紮下帳篷嬉度其林噶生活，還有些敷衍過救國捐款的愛國者在賭麻雀牌和燒雅片煙——千餘頂帳房中除了他們沒有第二家在燒雅片煙——他們抵抗大雨從篷頂破孔中淋下來的勇毅精神，是和姚子青和他的一營殉難的兵士在寶山縣城中抵抗日本人的「砲彈大雨」一樣的值得我的欣羨的！恰好這時我正得著了一筆接濟的款項，原來計劃把牠全部還債的，經不起一位五癆七傷無不具備的半死人的蓬頭鬼式的好朋友的鼓勵，於是我挖肉補瘡地勻出一部分錢來買了一個已有六個月的工作成績的新照像器。在幾天之內，我趕緊學會了攝影的技術，無日不遊蕩於有燒雅片煙的所在的柳林中裡在照像。如是如是的瑣屑都經過之後，已經白白地糟蹋了我的寶貴的二十幾天的光陰了！

　　這樣才湊上今天這個陰天的下午來起程，皮船的遠航，我這還是頭次，幸虧是同行的朋友們的招呼，才使我於下午三時踏上了皮船，又過一刻鐘就出發了！我的朋友一共三位，都同載一船，一位姓劉，一位姓米，一位姓朱，他們都是北平的大買賣人。此外還有一位精赤

雙足和腦袋瓜子後頭拖著一根又細又小的辮子的藏人，他就是這位朱先生的岳父大人。五時四十五分到桑達下面一點的瞞仲（Mon-Drong）小莊，緊傍著河流，岸壩上一顆孤零零的柳樹，莊裡三兩戶人家，連牛糞也買不出。今晚就算是無法舉炊做飯，祇得麻煩岳父大人去民戶中買壺熱茶來吞乾糧裹腹，算是混過了一頓。幸虧朱先生有自備的帳房，我們把牠紮在河干的沙灘上露營過了一夜。由拉薩過河，陸路繞山麓河岸赴山南的話，桑達是第一個站宿。

7月18日

晨五時零五分發，九時正過曲水，十時二十分抵貢噶。上岸打尖，十一時五十分又下船。下午五時零七分到朵接札寺，就在寺內馬棚下的槽頭邊過了一夜。將入睡時，驀然聽得廟外轟的一聲大響，振動狂濤，我聽出來是槍聲，但是沒有繼續的第二個響聲，知道是走了火，並沒有什麼禍事來臨，這才安心就睡。

7月19日

昨夜風雨很大。晨六時零五分開船，十時半抵札囊峪口的孃喀，總算完結了一個三日的水程的皮船的遠航。上岸後等候朱岳回家，催取牲口來迎接我們。這時，一個皮船的舟子和一個西康茶客吵架，才知道昨夜的那一響槍聲，是這個茶客走了火，把皮船底打穿了一孔。幸虧是一包茶的稜角把那一孔堵塞住了，所以昨晚一宿、今一上午，雖然船飄水上，竟未漏水而沉沒，可

謂大幸了。過午，在零點二十分鐘時，我們的牲口來
到，這才騎上，於二點三十分鐘到札塘，就住在朱先生
的家，也是他的岳家。

7月20日

　　我們到村前田阡上走走，拾取田裡的豌荳莢吃。我
計算著買驢子的事情不好辦，這兒雖然是鄉下，然而也
沒有現成待售的牲口。如果多候幾日，也許可以碰巧買
一頭到手，但是朋友們快要上絳巴林寺做買賣去，也不
過就是三兩天的閒空，三兩天內是買不到手的，三兩天
後，又有誰來管我的閒事呢？並且我也不便為這點小事
來耽誤他們的大買賣。再則我已經是走在半途中了，比
不得在拉薩未起程以前，可以為一匹牲口等候十天或半
月，在這兒決沒有為此事而滯留不進的道理，於是我又
不得不改變我的方針，要使我的朋友們給我的幫助在三
兩天內就能辦到的，因此我請朱先生替我僱一個苦力，
負我的行李。好在我的行李不多，並且在途還給我燒
火、煮飯、熬茶等雜事，這就是我最的決定，連一匹小
毛驢也不要了！

7月21日

　　這個絳巴林寺是黃帽派的寺院，堪布由拉薩永安
寺[2]選放。那座引人注目的大白塔，據說是與江孜的大

2　即功德林寺，位於拉薩磨盤山之南麓，為藏傳佛教格魯派寺院、
　　拉薩四大林之一，又名丹雪曲科林，林是指活佛的私人公館。寺
　　名「衛藏永安」為清乾隆皇帝所賜，並頒匾額。功德林前部建有

塔是同樣的珍貴和加持。

7月22日

　　朱先生薦來一個僕人，也是本村人，黑矮的身材，烏油油的一張團臉，左眼是瞎的，向人看時，會翻出一骨碌可怕的大塊的玻璃眼皮來。我想到《水滸》中所描寫的宋江的身貌，覺得這種人是不容易對付的，但是我如拒絕收容時，能擔保姓朱的朋友不嫌麻煩地來替我天天僱人嗎？我祗得問他叫什麼名字？他說：「我是桑結！不但到過翠南，而且很熟！」這樣就決定了，我每天給他一兩藏銀的工錢，有一天算一天，並且供給他的伙食。朱的岳母當了保人，明天就起身。

7月23日

　　昨晚手錶忽然壞了，從此走路就不曉得時間。

　　早上寫了一封信給張威白，留下給劉先生帶回。早飯後我又把實在不十分需要的行李也留下交給老劉，這樣祗剩下一條被、一條鋪單、一套僧衣、一口袋米、一口袋糌粑、幾個罐頭、一隻火腿——食物都是朋友們贈給我的——一口煮鍋、一口炒勺、一個小開水壺，就是這樣簡單的行李，我背了一小部分，其餘的當然都是桑結的負擔了。三個朋友——老劉、老米和小朱——一直送出村外，快到峪口的時候，才叮嚀而別。

　　碑亭，碑文以藏漢兩種文字書寫，內容主要是廓爾喀之役的經過。其餘匾額甚多，均為清代皇帝和駐藏大臣及其屬下賜贈。

　　我在前面足不停步的走著，還沒有出峪，這一小截路，桑結就一連息了三口氣，我不得不時時為等候他而停留，因此我立刻對他發生了不快的印象。我知道我的行李，完全是去年我從尼京加德滿都北回聶拉木時的那一份所揀出來的一小部分，連一半的重量也沒有，而去年也是由苦力背回來的──而且我是空手走路，不像今天要背東西──每一個苦力能夠負重幾何，在我的心裡自能估量得出，自然拿今天桑結的這種憊態來約摸一下，他是太不行了！我不由得重又轉起「買一匹驢子，或是僱牲腳來得好些吧？」的念頭。太陽剛斜的時候，我們便止息於距離很近的叢堆。

7 月 24 日

　　正午，在葬曲林噶打尖。尖後行時，恰好有趕回孜塘的空腳，臨時就僱定了，把行李都讓牲口馱著，我和桑結都空手走路。看看日將西斜，腳伕騰出一匹沒有鞍子的光背馬讓我騎，約摸快到孜塘，已經看得見孜塘鎮裡的房屋時，腳伕不讓我再騎了，要我重又自負行囊走向孜塘去。我呢，半天被馬的脊骨墊得腿股精痛，實在沒法再勉強走路。看到道傍坡上有一個小廟，一問說是格薩拉康（Ge-Sar-Lha-Kang）──關帝廟的藏語──我想這必定是孜塘的關帝廟了，就決定疲賴在這廟中過一夜，並且借此瞻謁我們的武聖人。

　　一走進廟中，才看出這廟並不是關帝廟，是一個薩迦派的小廟，廟名接薩拉康，原是我昏忙中聽錯了！不料在這廟中會碰到一個熟人，他是札什倫布的僧人，

長年地在外遊方。當我去年在聶拉木的哥塘耐孀（Ko-Tang-Nas-Mo）——我借住的那家房主婦的名字——家借住時，正值他要去尼泊爾朝迦葉塔而經過聶拉木，也借住在同一主人家裡，那時我倆就結識了，所以今天一見面就是熟人，他鄉遇故知，分外談得入港，才知道他還是因為朝山過此借宿，明天就要回札什倫布去。他問我這趟是往什麼地方去？我說我也是長年的遊方僧！我知道他的遊方經驗是很豐富的，對於全藏各地各路的情形是差不多都曾親身經歷而熟悉的。他曾隨前代的薩迦貢瑪名叫吐丹檢央丹津（Tub-Tan-Jam-Yang-Tan-Dzing）的到過不丹，因此我就詳細詢問他關於不丹的道路情形。

7月25日

　　早上起來朝了一轉廟。昨天吃了有牲口騎的虧，今天，仍就是負囊徒步而前吧！人家吃早飯的時候，我們就到了孜塘了。拿著一個姓魏的朋友的介紹信，找到一個落籍於本地的漢人，名叫郝澤久的家中投宿。休息一下，我就上東山腰間去瞻謁關帝廟，下坡回走時，原想順道到鎮中的噶丹群科（Ga-Dan-Chos-Kor）寺去朝一下佛——聽說寺裡有一尊宗喀巴用牛糞塑成的自己的像，繼想我這趟出來並不為的朝佛，也就懶去得了。

　　晚間郝澤久來和我談話，才知道他在前清時還是欽差衙門裡的一位師爺，他發了許多議論，又扯了不少句的《大學》、《中庸》給我聽。起初我還正當他的書底子不錯，不料說著說著，他就謅出唐僧、孫猴等四人

赴西天取經經過西藏的一段鬼話，來力證他的議論為正
確。我這才恍然大悟地知道他原來是一位毫無常識而一
竅也不通的食古不化的怪物！

　　我向他打聽些三十年中關於孜塘地方的歷史情形，
他總是含含糊糊地害怕似地不敢和我說真話，我這才覺
得我在拉薩臨動身時魏先生對我的囑咐，囑咐我不可對
姓郝的說真話，真是一點也不錯。在西藏落籍的漢人
中，有許多是數典忘祖的人，其尤甚者是為虎作倀，真
有使外來人有遍地都是行路難之嘆啊！

　　他誇示著他有一個好兒子，已經出家，給拉薩的某
一個大喇嘛當侍者，頗得該喇嘛的信任和寵僻，異乎常
人地愛他的兒子直同心肝寶貝一般！他又誇示著他有一
個好姊姊，嫁給一個現在河北省某縣的縣大老爺。他不
知道漢人的舊禮教上對一個驀生的客人談自己的姊妹有
跟官的身份的話，是件丟醜的事情！我難道不相信你的
姊姊是花紅喜轎抬去的三從四德的婦人嗎？談話中間，
不曉得怎樣我會被他猜中了是巡禮團的人物，他就馬
上和我們的黎團頭[3]混拉混扯起世交來了，滿口的「老
伯」、「黎老伯」！這樣的風馬牛，黎雨民老先生做
夢也沒有想到有你這樣一位寶氣十足的世姪，真真是可
笑極了！

3　黎丹（1865-1938），湖南湘潭人。歷任湖南、甘肅兩省都督府
　　秘書長、西寧道道尹、青海省政府委員兼秘書長，1933年當選監
　　察委員。

7月26日

　　早上我打發桑結上街去買些路上必用的東西，誰知他一出去直到日落才回來，東西並沒有買全！我馬上帶安慰帶警告似地和他說：「你在途中要抽煙喝酒，我都可以另外給你零錢，但是不可以打牌！」「是！我祇是會抽些紙煙，從來不會玩牌。哼！那才是下流胚子幹的把戲！」這是桑結的回答。

　　孜塘漢人除了郝澤久一家外，我還到一位姓楊和一位姓馬的家中去看望了一下，知道他們在前清時都是本地的搢紳人家，都有功名戴頂子的，現在可憐！直落得衣服襤褸、甕無宿糧，慘不忍睹！小孩子差不多都成了藏人了！上街打聽了一轉，要買一匹強健些的小毛驢，差不多要三百多兩藏銀，但是一兩天內還是沒有現成的，幸虧下午適逢有赴翠南的四腳驢子，立時僱妥，明天就起程，於是我又止息了買驢子的念頭。

　　郝澤久還開著一片燒餅鋪，打餅師就是他的一位續弦的西康太太。日將落時，一個十五、六歲的小孩鶉衣百結，頭蓬足赤，乾瘦臭癩，趕著百多隻羊回來。一進屋要飲食，還沒有犯一點過錯，被這位餅師夾頭夾臉地打了十幾下重重的耳瓜子。我馬上給拉開了，一問，才知道這小孩是郝的前妻養下的小少爺！一句漢話也不懂！哭著和我說：「不曉得是那一世裡造下的孽，這世做了漢人的兒女，真真的是狗養的！」

　　晚間，寫封信交郝帶給魏先生（這信直待我回拉薩後一個多月才到魏手！）。

7月27日

　　黎明即起，趕快吃完早飯就走路，天微陰，涼快極，驢伕要趕路，牽了一匹健驢讓我騎，還是沒有鞍子，但是墊了厚氈韉。趕了一截，我的胯骨終是受不住痛苦，實在無法忍耐，祇得棄而步行。午間有好太陽，步行的人很渴熱，可是為時不久，就下起大大的急雨來了，衣褲都濕。在西藏旅行，會在五分鐘的前後常常驟變為冬夏懸殊的兩季氣候。途中不及加減衣服，非具有一副強健的筋骨，是不足以抵抗，這就需要一個人的長期間的鍛鍊了。

　　到雅堆，是一個沒有居民的深峪草坡，驢伕有他的前行夥伴的預紮帳房，今天就在此露營，途中沒曾打尖。

7月28日

　　早晨翻過了雅堆札拉山口，在山口撿拾牛糞和枯柴打尖。這山口的北坡雖崎嶇陡險，但南坡的沙壤道是寬緩的。一從山口直到唉薩的露營宿地，整日都是寒冷澈骨。這種高嶺荒峪的地帶，完全不生一顆五穀，無怪不見一戶居民，祇有犛牛才能生活得下去。

7月29日

　　早起天陰，翻登業札果拉山，進山口的牧帳中打尖。尖畢出帳，就在帳前迎面碰著一個孑身而空手的行腳僧，他邀阻我們一塊兒找了一方乾淨的石頭上坐落下了，談了幾句，知道他才由不丹經蓋隅過來，要回甘丹

寺去。他告訴我，四五天前，有兩個僧人和一個騎馬的
兵士同行，過這山後，就在前坡崖傍把兵士殺死了，割
下頭來，埋壓在大石塊下，盡劫所有，牽馬棄屍而逸，
不知去向，所以現在這條路上對於出家人是很仇視的，
要我沿途謹慎應付。我謝了他的好意的關注，並且問了
他些由疊赴印的道路情形，才起身各自南北。

下午大雨傾盆，連小衣都濕透了。直走到看得見學
巴當而猶未進村時，驢伕不再讓我騎驢，而要我自負行
囊進村。我納悶著，為什麼不到翠南就了斷這腳力呢？
狠狠地追問，才知道他原本不是回翠南的。當我初僱
他的時候，他為了賺幾個腳錢的原故，他一口咬定是走
翠南去的，臨時到半路上把你丟開，你對他有什麼辦法
呢？這回我才上了西藏人的當了！

在西藏差不多的回腳牲口，都是腳伕偷偷地瞞著東
家暗地裡賺客人的腳錢來零化，一待快要攏家的時候，
他們必須哀請客人們在村外下騎步行，免得直接騎進村
裡時讓主人發覺而挨罵，並且吞收全部的腳錢。這樣我
深深地了解前天距孜塘一箭之遙就下了騎的，和今天在
村外也就下了騎的兩個腳伕的苦衷。為了可憐這個窮苦
的人，我冒著大雨背起行囊，和桑結兩個步行進村來，
找到一棟才新修蓋完的房屋人家中借宿。

7月30日

昨天的濕衣烤了一晚，還是不乾。早飯後行，幾天
來被驢驢馬鬧得雙腿酸痛無力，今天又來負重步行，
未免垂頭喪氣。一步一憩，竟日猶滯留於學巴峪中。為

了峪口那條業河的水勢的深淺，打聽了不少迎面來的騎或步的男或女，或說可以跐涉，或說水大無法跐涉。

今天實在是因為我的腿力太不濟，情願跐涉而求少走路，不願繞遠而往業河下游的那座大橋去過橋。如天不佑，實在逼得我不能跐涉的話，那時再說！快到峪口時，碰著一隊鄉下男女，都穿得新新的，喝得醉醉地，吹打著在田阡上繞來繞去，桑結告訴我，這是祈雨得雨後酬神的把戲。

峪口碰到一個拉達克的還俗僧人，後頭還跟著一個背負小兒的他的妻，我借著憩息和他攀談。他是從拉康來的，我才知道，這條路一出峪口西去，可以不經翠南，四五天內就到拉康。我又問了他些關於拉達克、噶大克、羅多克和崗底斯雪山的情形。

到業河岸邊，不曉得那處才是平安的涉口，向兩個身傍經過的婦人打聽，她們又指又說，叫我們西上，於是我們西上了好大的一截路，回頭看時，不料她們反而東下了好大的一截路，遠遠地眼望著她們輕容易地就涉過了對岸，真會惡作劇的兩個臭花婆！沒法，我們祗得經過慎重的選擇和探視之後，大膽地下水。水中，桑結很盡責，勇敢地牽著我的手，總算讓我平平安安地涉過了。幾天來，祗有這回事上，我對桑結滿意！

岸跟前有個小村，我就想息宿於此，叫開了好幾家門，一聽說是哲繃寺的朝山僧人，誰也不肯招待了。沒法，硬著頭皮又西走了一截，望到前面又有大幫驢馬在涉水，看他們的所涉處，水深及馬腹，人都要騎馬才能得渡，跐涉是會被水沖倒的，還沒有我們剛才涉水的地

方來得保險呢！

不一會兒到熱塘寺的寺外民居處，村狗咬得很利害，不得不學著小乞丐們，一邊拿著竹棍攔格遮護，一邊高聲哀呼，待一家的主人出來趕開惡狗，迎我們進屋。什麼是朝山？簡直就是要飯罷了！

這家主人很和善，他說，這一路被朝山的僧人鬧慌了，他們來時，起初僅僅一人兩人，如果迎進屋來，就要上當。這一人兩人不打緊，坐定，茶一燒滾，接著他們五六個、七八個落後的同黨就一擁而入。這時主人就無法攔阻而不一視同仁地招待，就不知道他們一共將有多少人。人多為勝，主人稍一不如他們的意，就會飽挨老拳、詈辱，還是小事！一宿飽睡，次晨臨去時，紛紛強取屋中所有值錢的傢俱，一聲唿哨，立即颺逸。主人祗好白瞪著眼奈何不得！僧綱掃地，不勝浩嘆！

如果按站走的話，今晚應宿森必，明日登學，後日到翠南，但是我沒氣力這樣辦！

7月31日

早餐後行，路雖較昨天為遠，但我已經沒有昨天的那般疲乏。近午到森必，靠著村前的嘛呢牆腳憩了長長的一口氣。約摸是下午四點鐘的光景到夏札莊投宿，沒有人肯再貪趕路，因為過此不到登學是沒有人戶可以借宿的。晚間臨睡時，摸到腰脊浮皮上起了如錢大的一塊腫，這是兩天負重的成績。

8月1日

半夜裡主人婦起來攪羊乳提取酥油，湏洞湏洞的木筒子內擣杵響聲，鬧得疲乏透了的我睡不著覺，恨得牙癢癢地，衹得起身做飯吃。吃罷起程，知道今天的路特別遠。上道時，天雖明了，但太陽還未出來，就涉峪水，冰水的冷氣直透小腹，牙齒不禁打戰。待走到南進夏爾鋪和西上翠耐山的歧路口時，因為我預先沒有把道路探聽準確，這時不禁徬徨起來，不知應從那條路走。對起指南針來看過後，我估量著翠南是應該在正南方，還是南進為妙。但我為慎重起見，又分別察看這兩條路的路情，兩路都有人畜足跡和遺下的炊灰，不過南路前面的左山麓多一個旅客們常常宿息的崖洞，而西路則隔水望見一個小小的嘛呢堆。這兩物是同樣地指示人們走路的標記，我究竟是採取那一個呢？沒有辦法了，拾起一塊石子，向天一卜，天還是主張南進。但是桑結告訴我，夜來宿處主人說要從有嘛呢堆的地方登山，我復懷疑眼前所見的這個小小嘛呢堆不是他們口中所說的那一堆。仔細盤算了一下，不如姑從桑結的話，萬一誤路，大不了儘管朝西走，瞎撞也可以撞到拉康去一謁密剌熱巴（Mi-La-Ral-Pa）[4]的「聖樓」，然後再設法轉回翠南，所以最後我就決定放棄了我和天兩個南進的主張。

居然一登山口，路就折向正南，又登曲即山口，遇著南來的旅人，向他們一打聽，儌倖沒被我們走錯路！下山幾步就在坡腰的最大的一個羊圈中，面臨而飽覽著

4　即密勒日巴，藏語意為「聞喜」，噶舉派宗師。

雅拉容湖的秀色打尖。一同打尖的還有三個工布人，一男二婦，他們都有很重的肩負，是常常來往工布和大旺間做些小販生意的，對於這帶的情形很熟。他們告訴我，由工布走翠南還得要翻逾匝日峰頂或峰腰，經過業河岸邊的闕科大和桑誐闕林等地，然後傍河上行一日，才能合到我們現在走的這條道。這樣我就證明了業河是不注入藏江的。

有了這三個工布人，沿途談笑頗解旅寂，一直伴同到今夜的宿處登學。今日一段整天的大道，就是我們這幾個和曲即山口碰著問路的那夥外，再無第三批來往的人，可見此路的淒涼了。

晚間火爐邊，和一個同屋借宿的西康人問了些英國人滋擾大旺的情形，從他的口中，我知道了無論從疊隔的提郎宗或不丹的札什崗赴印度，不到納拉巴帝是沒有火車的。八小時赴加爾各答，票價是七個盧比。如果由札什崗赴布那克是九天，再由布赴帕里是七天。若從拉康赴布的話，也是七天，不過那路每年衹有三月前、九月後始通，因為夏、秋兩季的雨水太大，溝峪滿溢，橋樑淹沒無存，無法跋涉的緣故。他又叮囑我如走不丹去，頂好途中不要帶肉，恐怕肉的氣味引野熊來吃。隨身應備麝香，因為森林道中有毒蛇，衹要聞到有麝香的氣味，蛇就遠遠地躲開了，並且萬一被蛇纏住了腿脛因而青腫時——差不多的蛇不醫人的（？），他說——也還得麝香來塗擦腫處才能消散。他又看見我的晚餐是米，又囑咐不要帶米往翠南，被搜出是會重罰不貸的。我告訴他我的米僅夠吃到翠南，這方面是無須顧慮的，

並且謝了他的關切。臨睡時摸摸背上那個腫疱，已經消失了。今天路雖走得比前昨兩日都遠，但是人卻並不如前兩天疲困。

8月2日

夜來同行的一工布婦忽患急性感冒，男的來討藥，給他一瓶神功濟眾水。早餐後，天陰，還是和工布人一路走，到南峪那個大長草灘時，病婦實在走不動了，往灘中的牧帳中宿息不走了，我們衹得棄了他們管自前進。到聶巴湖的北端大路邊的一個牧帳中打尖。尖罷，大雨，又走，登朵哥山口時，雨更暴。遙見東嶺大路上有二三十驢，仢仃前來，詢知是這隅來的，因此知道東嶺大路是翠南赴賈隅的道路，經這隅到覺髻不過三天。下山已見翠南宗，我想候天晴的機會好好替翠南宗攝個遠影，並且不願多受雨水淋洗，所以不再前趕赴翠南，就轉入道傍的粗隆小村中投宿。今天的道路情形，仍如昨日一樣的悽涼，來往旅客也不過一再見而已。

8月3日

早餐後行，未午就到了翠南叢堆。借居民家，房主人名叫董噶，幾年來縈迴於夢境中的翠南總算是到了。如何地可以到大旺、提郎，出印度的盤算，還得慢慢地思考一下，好在這兒有新椒、菘蔬，大可留我盤桓幾天了。

8月4日

　　疊隅和不丹兩地除了白藏錢——一種小銀幣——外，什麼錢幣也不流通。桑結天天和我吹牛，吹他在翠南如何如何的熟悉，今天我才發覺他對於翠南的情形一點也不熟悉。他連疊隅和不丹通用幣的習慣也不曉得，我呢？常年地住在拉薩，當然更不知道了。所以這回我帶出來的錢，不是紙票就是三兩藏元，雖然同是西藏政府鑄造的官幣，然而疊人、不丹人硬不用牠。而且拉薩市面上白藏錢流通得很窄，輕易看不見牠，這時平空地要白藏錢，怎樣辦呢？最初，白藏錢的法定幣值是藏銀一錢五分，後來因為銅幣和紙幣的毛慌，白藏錢就慢慢漲值。去年在拉薩每枚漲到四錢五分，翠南漲到五錢，今年在拉薩和翠南兩地已漲至七錢五分和八錢了。所以我便不得不將帶來的全部旅費，以八錢藏銀的高價來掉換白藏錢了。

8月5日

　　為了沿途工作方便的原故，我要騰空身子，把我的負重另僱一苦力來背負。找到一個名叫象果的人，他是哲繃寺羅塞林院擦康參的僧人，流浪於這一帶地方已經多年，常常替人背負行李和貨物，對於不丹、疊隅的道路非常熟悉，此地人就給他起了一個「大氂牛」的綽號，我給他每天五錢藏銀的工資並供伙食。他真不愧一條大氂牛！穿一套單衣褲，精赤著腳，連外穿褐衫也沒有，開口就向我墊借十四兩藏銀去贖他的衣履，我都給他。他見我換白藏錢困難，勸我買些氆氇褐子，運到疊

隔去賣，賣得現錢就夠沿途澆費。我為了免得在翠南滯留起見，也祇得相信著他的建議，照樣做去。

8月6日

　　今天我聽到一件故事。被藏政府拘禁在達布古如南接寺中的江樂堅公爵，[5] 和達賴生前的嬖倖內侍公培刺[6] 二人，於去年八月前，詭稱欲進拉薩朝見熱振[7] 辯冤，遂於九月間起程，一直走到快到甘丹寺，距拉薩祇有兩天路時，他倆就偷偷地回向孜塘，由孜塘潛逃而來翠南，沿途自稱工布商人。人家見他們隨從、騾馬、僕役甚為都麗，誰也沒疑心是兩個逃軍！到翠南祇住一日，即避開大道，走山僻小路赴大旺，住五日，薩登住十五日，不丹的札什崗因病滯留了二十餘日後，始前往印度。看見公培刺的人，還說他穿的是一身棗紅色緞袍子呢！

8月7日

　　今天準備一切，好待明日起程。因為買了不少的氆氌，怕桑結和象果二人負不動，打發象果出去看看有待僱的牲腳或苦力沒有，又打發桑結出去買作餐飯的菜油。正午過了，天黑了，兩人一個也沒回來。晚間，雨

5　即江洛金・索朗傑布或貢古旭（1897-1972），龍廈的親信。
6　即堅塞・土登貢培或土丹貢培（1905-1963），為第十三世達賴喇嘛生前最信任的人，達賴喇嘛病逝後被剝奪一切權力並流放。
7　即五世熱振（1912-1947），第十三世達賴喇嘛圓寂後，出任西藏攝政。

是那麼大，房子是漏的，滴滴淋淋，屋中早成泥濘，鋪蓋已濕成青紅斑駁，沒有可容立錐的乾地！無法，祇好把床鋪墊得高些，拿一條乾褲子連頭把身子裹捲得緊緊的鑽進被窩裡去，再用一張大油布蒙頭蓋上。這個淒慘的夜深！想著兩個可惡的僕人，滿肚子的憤火燃燒，如何合得攏眼！

8月8日

天將亮的時候，聽得剝剝地扣門聲，知道是回來了一個了。難道還該我待候他，為他起身開門嗎？是隔壁屋中的一個婦人，披衣起身，把門開開了，她悄悄地問：「你昨夜那兒去了？」

「一個同鄉！」我聽出是桑結的聲音。「碰著了，硬拉著喝了幾盅酒，夜遲了，回不來，祇好那邊過夜！」

「昨夜那麼大的雨，丟下你主人獨自個兒守屋子，他不生氣麼？」她有點寒戰。

「氣是當然要生的！」

「你事前沒有請假嗎？」婦人擔心似地問。

「這有什麼要緊？好就好，不好就分手，各走各的路！」桑結滿不在乎。

這樣幾句問答，在被窩裡聽到的我，不由得氣得肝肺爆裂！在途，我待他，一天一盒紙煙，三天一斤白乾酒，算是仁至義盡。大小錯誤，我一句也沒罵過他，這樣就把他慣縱得不知天多高地多厚了！不要說我和他結伴出遠門，已同路十多天，更應患難相恤，就是一條狗，祇要人手稍為撫摩一下，也要發生一點同情心。但

是這個桑結，明知道今天要上路，明知道昨夜沒有貪頑的功夫，明知道昨夜的大雨必令我受罪，明知道他已做錯了，明知道我在生他的氣，還不知道羞愧而趕緊哀求我來給他原諒、寬恕、饒罪，竟一點同情心也沒有地存著一個鐵一樣冰冷烏黑的心肝，竟說出「各走各的路」的這樣殘忍刻毒的話！沒有同情心的人，連一條狗也不如！桑結是個爛透了良心的雜種！這種人還可長久倚賴麼！在被窩底中的我，想到目下覃隅和不丹的寸土未踐，用人已是忘恩負義地背叛到這個地步，再前進到舉目無親，言語異味的荒僻地時，這兩個僕人還不知要賞賜我比今日還要惡毒傷心萬倍的多少打擊呢！想到此處，不禁遍體寒慄而淚垂了！

半天，水燒開了。

「喂！還不起來嗎！」一個粗暴而帶有訓斥口吻的這樣一個聲音，毫無一點對於主人的恭敬禮貌。我知道他是永遠不會覺悟到自己的錯誤而怨艾悔過的！我起來，盥洗畢。炒菜時，看那昨天桑結拿去打油的油瓶還是空空的！我把他大加訓斥，他哭了！淌著一行眼淚，豎起兩個大拇指。

「古起！古起！請你再不用說了吧！我離開家半個多月，看不見一個親人，直至昨夜才碰到一個同鄉，談了一晚的別話，這有什麼大不了的事？又沒有別的什麼錯誤，你就罵得我心裡這樣難受！」（古起是藏語求饒的口吻）看！還說我不該說他呢！

吃過早飯，象果才回來，問他僱人或僱腳的事，他回答我：「哦！哦！忘記了！還沒有打聽呢！」

起程的事，無緣無故被他倆人耽擱一天，我嚴重地下了命令，明天天不亮就要上路，他倆當時都答應了。

8月9日

天未明我就起床，象果又不知道那裡去了！央求著隔壁住的一個婦人去喊他，她很快的就回來說象果還沒有起床呢！象果還說太早了走不成！等到天明，象果蹣跚著走進屋裡，頂著滿頭的雪，嘟嚕著說：「下雪了！走不成，這條路，下雪天誰也不出門，任何人都沒有上路的規矩！」

氣得我跑上屋頂，打起望遠鏡瞧，去大旺的那條路上一看，來來往往的出門人還是不少。叫象果上來，指給他看，問他有沒有上路的規矩？這才他沒得說的了。我嚴厲地命令他倆立刻動身，我獨自個兒自管向前走出去了。到西南峪口的那個三家小村時，等了好久才見他倆慢慢地前來，象果還是帶了滿臉不願意的尷尬神氣，硬到村中一家人家裡憩息。象果嫌負擔重了，要返回翠南去再僱一個苦力，我防他又來一個臨陣脫逃，決不允許，硬逼著快快趕路。待拔步時，已經在村戶中耽誤了一小時餘了！

一直走上點燈山，遇到三個往大旺化緣去的達布的達剌幹布寺（Da-La-Gam-Po）的寺僧，象果苦苦地哀求著，把負擔中的全部食物都勻分給三個僧人代負，雖然是這樣減輕了不少，象果還是一步懶似一步的瞠在後頭。雪雖住了，雨反下得很大，走到賈孃桿孃時，象果就要住下。走進破屋子裡一看，沒有乾牛糞，無法舉

火，他這才垂頭喪氣地知道非往前趕不可。這時三個達
布僧早已如飛地前行，眨眨眼已不見他們的影兒了。我
怕他們拐走我的食物，祇得奮勇地向前趕去，結果桑
結、象果都落在後頭。我們僅僅的幾個人，已前前後後
的隔離得各不相望。一直到格爾欽山時，才看見達布僧
人在山口坐著等候我們。這時我又怕落在最後的象果拐
走我的鋪蓋，等到桑結來時，命他隨後監視象果一同前
來，我又重新來追趕才前行不遠的達布僧人。

　　這時大雨傾盆，達布僧的背影又失去了。待走到格
爾欽湖的南端下峪時，天色漸漸的黑下來，明知不及趕
到有房屋住宿的地方了，望到峪灘下有好幾家牧帳，祇
好走向牧帳去。橫岔過一大段水草地，沮洳泥濘，溝
水亂流，雨更大，天已經黑盡了，看不清舉步落足的地
方。我跌進水溝裡三四回，結果裡外的衣服一齊透濕，
淋淋漓漓。好容易走攏頭一家帳房門口，帳主見我是一
個空手的單身漢，不容許我借宿，問他看見了我同伴的
三個達布僧沒有，回答的是個白眼。我忍著氣惱和疲
乏，又朝下走了一截，才到第二個帳房門首。慚愧！三
個達布僧也正好落在這裡！這樣我才被主人招待入帳
了。這些人都是好人！週到的招呼我，架起大火，讓我
把衣褲都脫下來烤乾，替我燒茶。幸喜食物是達布僧負
來了，可惜炊具都在象果身上，米飯是吃不成了，祇好
拌些糌粑，總算今晚沒餓著肚子！但是我的鋪蓋都在桑
結身上，睡交又成了問題了。帳房裡的人都替我著急，
時常跑出帳外朝著大路大聲吹嘯，希望桑結和象果兩
人，能聽到嘯呼而尋聲前來，然而這終是枉然！雖然承

帳主借給我又臭又髒的牛鞍墊褥和一條又霉又爛的毛
氈，還有一個同帳借宿的聾族老僧借給我一捲氆氌當枕
頭，但是今晚仍不得不受又潮又濕、又凍又苦的罪過
了！老天給我的兩個好僕人！

8月10日

　　昨晚老聾僧告訴了我些英國人來大旺騷擾的情形。
據他說英人兵隊中尚有兩三名札塘籍的藏人在當兵，
並且領隊官的通事還是兩個拉薩木龍寺（Mo-Ru-Nyin-
Pa）[8]的喇嘛僧！老聾僧口口聲聲喊我作「仁波且！」
——藏語中對於活佛或經法湛深、道行高超的高級僧人
尊稱——未免使我短氣！我若在拉薩，也許比差不多的
仁波且們會快活會享樂些，現在落到這種可憐的地步，
自問比乞丐還不如，竟會出乎意外地受到享福時從未受
到的把我當作仁波且的恭維，實在有些擔當不起而羞慚
莫名了！
　　早起喝過茶後，老聾僧獨自個兒走了，我和三個達
布僧一路，不一會兒就到了粗康，赫然看到我的兩背行
李靠在矮牆腳跟，進門就碰到桑結和象果，才知道他倆
昨晚也沒趕到宿處，就在峪口的上坡一點點路的空屋
子裡過夜，並且直到現在還沒有沾到點滴飲食！——如
果沾到點滴的話，恐怕今晨還不至於來得這樣快當咧！
這兒矮矮的石牆，房頂是木板，房內地下也是木板，靠
著窗下，有一小方沒有鋪地板的就是灶，整日整夜不息

8　今木如寺，位於大昭寺北、小昭寺東。

氣地燒著大堆的木材，一切情形都和我去年在空布峪（Kum-Bu）所看到的完全一樣！三個達布僧往夏武化緣去了，我等候他們回來，要視他們的行止為行止。既而他們都恐途中遇雨，決定留住一日，我也祇好照樣做了。

今天正值翠南宗派人前來，在這裡收取氂人的酥油稅，所以我借宿的這家裡，聚集了不少的氂人，他們不像西藏人盤起腿子四平八穩地坐在厚厚的墊子上，他們是很隨便地半跪半坐地蹲在地上，說他們自己用的方言。我聽去，差不多每一語辭之後，都帶上一個捲舌音的「爾」字的尾聲。藏語中的仄聲，他們都讀作陽平，所以我登時對於氂語也還能夠稍稍地領略，大約十句中能明白個三兩句。

他們的後褲腰上，繩繫一塊黑色的圓氈片，有飯碗大小，恰恰下垂到臀部，這是他們無論走到什麼地方所隨身帶的櫈子了！無論男女，都有一件黑斗篷，出門遇雨就把牠披上走路，晚間睡覺就是鋪蓋，西藏人硬要赤口白舌地屈說牠是氂人放蠱的表記！

他們的右腰，掛著一把二尺長而有木鞘的方刃條形刀，這是上路時切菜、砍柴、屠宰、打雜，和防身的萬能利器。

他們吃的是磨上碾細了的小米麵粉，先把水燒開，按照各人的飯量，放幾把小米麵，用木刀攪勻，烘乾待熟，恰好可以用手捏作麵糰時，一邊捏，一邊吃，這就是他們日常的餐飯。菜呢，少不了辣椒和一種又舊又臭的霉乳滓兩物。這種霉乳滓的滋味很像內地的臭霉豆

腐，據說常吃可以避免瘴癘疫氣，是任何人走覃隅和不丹所少不了的隨身食物，他們還勸我趕緊購備些呢！

　　覃人佩的方刀，吃的小米粉糰，和廓爾喀人無論走到那裡的萬能的少不了的彎刀，和也是磨上碾細了的玉蜀粟麵粉。兩相對比起來，喜馬拉雅南麓的各種民族中，真可算是東西遙遙相對的無獨有偶了！

8月11日

　　早上天氣還晴，我們一齊起身，一過朋拉山口，天就陰了。再過千人山，立刻又是傾盆大雨，幸虧時候不大就止息了。我們撿拾道旁的枯枝，在蜜蠟山北麓的峪水岸邊舉火尖炊。為了酬謝三位達布僧人前晚帳房中一宿的義助，我請他們喝我的茶，用我的酥油，吃我的糌粑。

　　尖後立登密臘山，到山口時，桑結和象果二人又落後了，我祇得和三個達布僧趕先下山。為了要對山口北傍的那一對金童玉女式的石筍峰攝影，爬上道傍的崖巔，無意中在崖石的凹陷沙坑上發現了一株很大很美麗的素白色的花草。花瓣的形狀大小，恰像一個剝去外皮的圓整的水晶文旦柑子；葉瓣是輪生的網狀脈，形狀大小和草煙葉相似。

　　我摘花在手裡挨近鼻孔嗅了一下，有一股沖腦的惡濁臭氣，嗅久了會悶人，不認得這花叫什麼名字。拿下來問了一問，來往的過路人告訴我這花覃人叫「白美多」（Be-Me-Tok），藏人叫「家樂恰塞」（Cha-Lo-Chha-Ser），是一種能愈傷風症的藥草，鬧了半天我對

這花還是不認識！

下到半山坳間，已是望得見大旺的居民房屋了。這時有一個年青小夥子，身材又粗又大，兩耳根後留著兩撮七八寸長的頭髮，鼓溜圓的眼睛，手撐著洋傘，一步一步走上坡來，和我打了一個滿撞的照面，登時滴溜溜地滾著他的那雙可怕的環眼，儘管不住地朝我身上打量，忽然地，問我話了！

「你是哪裡的？」

「我是哲繃寺的！」我回答他。

「那一院的？」他又問。

「郭莽的！」

「你不是賣戎康參的漢人嗎？」他好像發現了我的秘密似的。

「不！我是漢統康參的青海番子！」我說了一半謊。

「不！不！看你的臉貌不像一個番子！你準是漢人！」他好像捉到了一個有贓證的賊，很有把握地要追根究底來審問窮鞠於我。

「我是西甯附近的番子，也原本有些像漢人的！」我躲避似地給他這一個最後的答覆。說著我就不理他而自管自的走下坡去。他還立在上坡目送我良久！我知道他是個「埵埵」——像醉打山門的魯智深式的出家人，西藏人就叫他做埵埵，三大寺現在差不多有五六千埵埵，他們是三大寺的武力保護者！——埵埵是輕易撩撥不得的。才下坡不幾步，又碰到一個背負很重的第二個小夥子，我拿眼估量他上下，知道準定是剛才那個埵埵的夥計。這正讓我猜對了，你看他問我：

「你看見我的夥伴沒有？他在前面走多遠了？」

「不遠！」我答。

「你是那裡的？」這才是真正的夥計，兩個人是一樣的心，一樣的問話！

「我是哲繃寺的！你呢？」我怕他又照剛才那埵埵的一套同樣的盤問，所以不等他向我發第二個問時，就趕快緊接著反問他。

「我也是哲繃寺的！」

「那一院的？」

「羅塞林院的！」

「那一康參？」

「賈戎康參！」

「你的夥伴也是賈戎的嗎？」

「是的！你不也就是賈戎嗎？」他又反來問我了。

「不！我是西甯的番子！」說著，我又自管自的走下坡去，心裡一直狐疑著這兩位仁兄為什麼總當我是賈戎康參的漢僧呢？不要是兩個上馬的腳色吧！不一會兒到了大旺，立刻聞到一種重濁氣味，似是一種臭壞了的薑蒜氣，人的汗醉氣，牛羊的羶氣和濕熱氣混雜起來的氣味，和我去年在尼泊爾聞到的一種「尼泊爾氣味」差相髣髴。走進雪裡，三個達布僧借了宿處，進去憩息燒茶，才喝了兩三碗，桑結和象果也趕到了。象果要我住到大旺寺去，我也覺得我是一個出家人，住寺院比較適宜些。立刻辭了達布僧上寺，一直走到大旺寺的拉布楞——堪布或方丈禪寮的藏語——中才歇腳，象果是這兒的熟人，管事的名叫柏瑪剌（Pad-Ma-La），立刻熱誠

地把我招待下了，並且留我吃了晚飯。

　　晚間桑結告訴我，他在路上碰到兩個賣戒僧人，聽到他們說哲繃寺賣戒康參的一個漢人闕則──在寺上有錢而有勢，並且散過佈施，獲有優待的僧人的名號──殺死了他的師父賣戒格喜和另一個童年漢僧後，向不丹方面逃跑了。現在藏政府已有命令和照會到沿邊各地及不丹政府，凡遇出入邊境的漢人、蒙古，不論僧俗，一體拿獲解藏……我這才恍然大悟，日間那兩個賣戒僧人為什麼疑心我是賣戒的漢僧的緣故，原來他倆把我當作了命案中的逃跑要犯啊！同樣大旺寺上的人也說，前幾天新來了一個西康僧人，到寺上來也是這樣說。我便極力向他們解釋，告訴他們，所有三大寺的漢僧，我都認得，當我離開拉薩時，他們完全都平平安安住在寺上，距今不過才二十五六天，決不會發生什麼變動的！因為殺人的事，如發生在我離拉之前，怎麼我會不曉得？如發生於我離拉之後，為什麼比我先到大旺的人會比我更先知道呢？可見這一定是一個對於我們漢僧有私怨的西康僧人故意亂謅出來，中傷我們漢人的惡毒謠言罷了！

8月12日

　　一到大旺，象果就不見面了！桑結說，如果再繼續往不丹或印度去，他是要請假的，因為他是高原涼爽地方生長的人，會被那些熱帶地方的燠濕氣候熱死的。我知道他的言外之意，是想完全乾沒我在札塘頂先墊給他的四十天工錢，並且還要騙我一筆回家的川資！

　　大旺寺的堪布和柏瑪刺待我很誠懇，我拿這個問題

和他倆商量，他倆都說現在不是走不丹和印度的時候，因為沿途的橋樑都被雨水沖毀淨盡了。即使你不怕熱，也沒有路讓你走！這樣一說，就把我由提郎赴印再北上不丹返藏的希望完全粉碎了。我又不能等候到秋後和本地買賣人搭幫結伴同行，因為我的剩餘的盤費不足支持三個月以上的生活用度，不趕快到加爾各答，或者回轉拉薩，是無處設法得到接濟的。這樣我就作了一個最低限度的打算，想著至少也應往提郎宗去看一看。但是柏瑪剌又說我有照像機，主張我應把薈隅的全境都遊歷一下，到處攝影，帶回拉薩給西藏政府中的大人先生們看看，使得他們能對這一隅甌脫之區不再漠視，這樣他就願以全力來幫助我達到目的。但這也不是夏天所能辦到的，仍要等待至冬天，那麼我又何必急急於單要走一趟提郎呢？

我想這話實在不錯，我應當期待第二個遊歷不丹的機會，也許在計劃和準備上都要比這回來得周密詳縝些，並且目下的兩個用人，隨時隨地都會給我添許多困難和痛苦，於我不但無助而有害。我雖然甘願冒險，但是不願意外地失敗在兩個無智識的混帳傢伙手裡。這時，我祗得長長地嘆口氣，把我的熾燃的野心暫時按納下去，就算我這趟出來，完全是替張威白幫忙的！這樣我就決定在大旺祗住三四天，把英國人的情形弄得有點眉目時，再不逗留，立刻就動身返途。堪布言中，顯然的在暗示我象果這個傭人，可用則用，不可用則不如逐去之為妙。柏瑪剌也說，象果還是一個綹竊！其實這些話不用說，我也腹中明白雪亮！

8月13日

　　早起，前天同來的達布僧來向我化緣，這個面子是推不開的，何況有沿途的恤難濟困的義舉呢？我給了二十個白藏錢！早飯後，柏瑪剌陪伴我到英國人的駐地去視察，看到大旺寺的矗僧，搶著把英國人遺剩下的燒柴，一綑一綑地背回自己家裡去。他們臉面上都掛著一層花子拾金似的喜容，他們再不會想到往後有向英國人手裡哀求討乞燒柴時的苦惱呢！柏瑪剌告訴我，大旺寺的僧人和英國人感情很好，有些勾結的模樣。當英國人公開地宣布矗隅歸英國所有時，大旺六座開會籌議對策的當兒，總得不到一個一致的辦法，原因就是因為僧人的代表的反對態度所造成的。在無辦法之中，他自己祇有會同翠南宗所派的人，於陰曆五月間進了一趟拉薩，向噶廈報告，結果還是不得要領而回。他希望藏政府對這塊地方能有一個澈底良好的保持辦法，最好劃矗隅全境設置一名稽恰，人選以擦絨（Tsa-Rong）[9]或察仁（Tsa-Rin）為宜，因為西藏官吏中，祇有他倆對於英國人的情形熟習，並且也肯熱心辦事。

　　下午來了一個哲繃寺的遊方年青僧人，一身襤褸，哭著和柏瑪剌說他進來討糌粑時，被一個喝醉了酒的矗僧把他的帽子搶掉了，並且打狗棒也砸斷了成為兩截。

9　即擦絨・達桑占堆（1888-1959），以主張現代化改革而著稱。擦絨家族之原族長擦絨・旺秋傑布曾任噶倫，但在1912年拉薩動亂中被殺害。達桑占堆出身平民，因是第十三世達賴喇嘛最親近的侍從，而被指派入贅擦絨家族，成為貴族世家的繼任人，最終晉升為藏軍總司令，並出任噶倫。後雖被撤職，但仍活躍於拉薩上層社會。

柏瑪刺給他糌粑時，回過臉來向我望望，意思是說：
「你看！這寺裡的僧人還有王法麼？」我問這個遊方僧
是那一院的，他告訴我是羅塞林院賈戒康參的，出來還
不到二十天。我趕緊問漢人闕宰殺人的消息，他說他完
全不曉得有這麼一回事。當他離開拉薩的時候，所有三
大寺的漢僧，都平平安安地住在廟上。

　　晚上，堪布跑起來——這個堪布究竟叫什麼名字，
我迄今還是不曉得，因為寺院的規矩，一個普通僧人對
於一寺之主的高級職位的喇嘛是不準冒冒失失詢名問姓
的——談了些拉薩近年來格喜考試的情形，接著還和我
辯了些經論。他的《中觀》[10]和《般若》[11]兩部很好，
《因明》[12]比較要差些。

8月14日

　　因為昨日視察英國人駐地，想給大旺攝一幀全景的
照像沒有成功，所以今天一大清早起來，沒有盥洗、飲
食，就出寺往北跑了十幾里路，爬到一個高高的山包
上，濺得渾身都是泥漬，還被巴答蟲吸了不少的血去。
待工作完成後回寺時，已是快尚午了。下午，有大旺寺
商上的管事太太（？）遣他的僕人來給我送了一克酥
油、一斗細白的上等糌粑，和一斗粗黑的次等糌粑，並

10　《中觀》亦稱《中道觀》《中道第一義觀》，是大乘佛學的兩大
　　基本潮流，創立人是大乘佛教思想家龍樹。

11　《般若》共有五義：對治、相生、果報、互攝、譬喻，即開發根
　　本的智慧。

12　《因明》為研究思維的形式或規律的學科。

且說好糌粑是為我備的，次糌粑是給我的用人的。這位太太，我既非素識，又從不謀面，平白無故地送禮來，這個盛情實在有點難領呀！因為我要做的工作都已完畢，決定明天回程。翠南買來的氆氌，一匹也沒賣出——這我又上了象果的當！——祇好交給柏瑪剌請他代賣，待我再度來疊交錢。柏瑪剌送我一斗白米，一罐霉乳滓和兩升辣椒，我又另外買了些羊肉、四個圓茶和一些別的零碎食物。晚間才把象果找到，連桑結一起囑咐了一番。

8月15日

早飯後，辭別了堪布和柏瑪剌就起身循原路回。上至板房附近，碰著大旺寺商上往達布札倉迎請學經才回的大旺寺活佛名叫古如的，我向他行過敬禮後，重又登山。象果和桑結照例是落在後面的，我一口氣就到了粗康，還是投在上次借宿的那家。主人是一個曾經死去兩個丈夫的寡婦，她的兒子在門口嬉戲，認得我回來了，馬上叫他母親把我招待進去了。

一直等到晚上，還不見桑結、象果兩人來到，這回沒有替我背食物的達布僧，全部行李都在他倆身上，我料準了他倆今晚是故意不趕宿站的，好背著我在半途中多多偷摸著享用些吃食物，但是我不能命令我自己餓肚子，幸虧主人婦很慈悲，給我燒茶、做飯，臨睡時特別檢出三條乾淨毛被給我做鋪蓋，今晚算是白白地打攪她了。

8月16日

　　早起，進來了兩個年輕的遊方僧。我一見，就認得是我同寺同院而比我低一學級的兩個番子，一名山丹闕桑（Sam-Tan-Chos-Zang），一名山丹稱勒（Sam-Tan-Trin-Las），襤褸得像兩個小乞兒。他倆一見我，就親熱得如見親人，拼命地趕著我叫「師父」！沒有辦法的事，祗好招呼他倆一點飲食。一直候到正午，桑結和象果兩人才到來。我再也懶得和他倆說話，一檢點食物，好糌粑祗剩小半袋，粗黑糌粑還是原封不動！其餘食物，差不多什麼都快完了！這兩個黑心賊！桑結還偷偷地告訴我，昨晚象果還想睡我的鋪蓋！吃飯的時候，桑結不等我的允許，逕直接和兩個山丹說：「我們的背負太重了！明天分點給你倆背負，錢也有，吃的也好！你倆不必往曇隅去，那地方的人，全不信佛，不齋僧！讓你白白裡地餓肚子！不如跟我們回翠南罷！一到翠南，我們再不要象果了，就是你倆背負，一直背回札塘，由那兒你倆回哲繡寺不好麼？省得長久在外流落！」

　　我氣得一句也作聲不得，我完全沒有主權了！晚間，主人婦親自在灶邊熬了一罈燒酒，招進來一個翠南貢巴則寺的僧人，登時一起鑽進屋角裡的那間小黑房子裡去，一同喝酒，隨後把象果也扯進去，時候很大，醉了又唱又鬧，全不避諱有生客在家裡，浪謔狂笑，一直鬧到半夜，害得羈窮愁旅的我，不曾合眼，也情不自禁地在枕上哼出那首《長恨歌》來：

　　「在戒願為翠南僧，在寡願為粗康嫠，在天願為比翼鳥，在地願為連理枝……此樂縣縣無盡期！」

8月17日

　　早餐後行，這回終讓兩個山丹跟來了！近午在賈孃桿孃面那座小橋的岸邊打了尖。尖後復行，還是我先到翠南，仍就住在董噶家。好一會兒！他們才來到，我已口渴得急需桑結燒茶給我喝。又等了好半天，還不見把茶燒開端來。我不耐煩了，走到廚房裡去，一看，他們四位大爺正在唏哩呼嚕喝得個不亦樂乎的暢快。我氣起來了，立刻放下臉來，說：「你們喝茶就不管我了嗎？」

　　「因為房主人在招待你，不是已經喝過了嗎？」這是桑結的回答。

　　「狗屁！你們燒好了茶，論理也應先拿來我喝，難道我就不應該喝自己的茶嗎？難道我能盡性地祇管喝房主的茶嗎？連一點作客的禮貌也不要嗎？」

　　「我們也是口渴，還不有喝幾碗呢！」

　　這時我再也忍耐不住了，隨手撈著一把銅勺，望著這個喪盡天良的萬死的奴才的身上，夾頭夾腦打了幾十下。他爬起來，一骨碌就跑出去了！他還不肯悔過認錯求饒，嘴裡仍是崛強的嘮叨著不順耳的言辭。我趕著抓起根長棍追去，被房主人死拖活拉地勸住了。我半天說不出話來！枕頭底下，抽出手槍來放了兩槍——朝天的空槍！我想一下子就結果了他的性命！

　　晚上山丹闕桑來說：「桑結偷跑了！」我趕緊到廚房裡去，一點檢我的東西，一斗黑糌粑，一克多酥油，一斗白米，一罐霉乳滓，四個圓茶，半隻多羊肉，兩升辣椒，五六斤牛油，升多鹽，一包火柴，還有些別的零

碎食物的全部，一齊偷得乾乾淨淨地逃跑了！象果說：「我們攔阻他，他不聽，這有什麼法子呢？」我知道他倆都在和我玩鬼把戲。果然山丹稱勒背地裡偷著告訴我，是象果慫恿著桑結偷跑的。我馬上和象果算賬，他還應該找回我九兩藏銀——墊借十四兩，是二十八天工錢，做了十天工，扣去五兩，剩九兩——他答應明天給我。

8月18日

今天我又從新購買全部的食物。象果還是涎皮厚臉地要服侍我——他是還想要白吃我幾天，我逼著他立刻離開我，命令他快滾蛋，他才沒有辦法走開了。從此他應找我的九兩藏銀，是永遠回不到手了！這兩個山丹原是桑結糾合來的，不如也打發了來得乾淨。念他們在寺上還同我辯過經的情分，況且這回又是無故被累，送了他倆十枚白藏銀和一斗糌粑，他倆仍是往大旺去了。下午我親自出去打聽牲口，恰巧碰到有回札塘的騾子，馬上就僱定了。在街上我打聽得桑結還沒離開翠南，躲在一個名叫拉拉闕宰（Lhag-Lhag-Chos-Dzad）的破落戶的家中在賭錢。回至宿處，請房主人的僕婦去喊他，僕婦回來時說：「桑結見我去喊他時，立刻背起包袱拔腿走了！」

房主人告訴我，前回大雨的那晚，桑結沒回來，也是在這破落戶裡賭錢過夜的！我氣得把這幾天往來大旺途中我所受的困苦處詳細地告訴了房主人，房主人也祇是嘆氣，表示了無限的同情！

8月19日

　　氣昏了的我，今天才得清淨些。獨自個兒在屋中，扣緊門窗睡了一個整日，才得把過度刺激後的神經，慢慢地弛緩下來。這十天我差不多是在半瘋狂的狀態中過去了的！我感覺到「非我族類，其心必異」的這句話，是一點兒也不錯，高洋的「亂者當斬」的手段，我是非常贊成的，將來必有一天，會有機會讓我來照這樣的施展一下。

8月20日

　　趕腳的名字叫哲哲（Tre-Tre），他來約會我明天起程。他已經聽說了桑結的這回事，他說：「桑結和我是上下莊的村鄰，我很知道他的平素。他是一個游手好閒和貪杯嗜賭的哥兒，根本就不曉得出門當侍候人是怎麼一回事！在我們西藏的規矩，但凡一個穿得光光生生的人物，決不像我們這種僅僅祇穿一件白褐衫子的窮人來得忠實可靠。因為在鄉下人裡，差不多穿得光光生生的人們，都是沒有根基的光棍，而穿白褐衫子的人，雖窮，大半還是有產有業的老實農戶。想不到你老人家會碰到這個坎兒上，也不曉得是那位明白人把這樣一個寶貝薦給你老當僕從，也可算得是媽糊糊塗透了！」

8月21日

　　早餐後行，同行的除哲哲外，還有一個名叫絳巴剌（Jam-Pa-La）的翠南米棧的僕人。他背起他親生的一個五歲小兒子，要送他到拉薩色拉寺去出家。我們一

行，三個大人和五匹騾馬，除開我一個是空手外，都是
負重徒步而行的。沿途不尖不息，走了一整日，晚住
在登學山背後的特波，正在一個峰頂積雪的麓地草坡上
紮帳。

8月22日

　　早餐後行，仍是徒步整日，直至馬匹山麓下帳。駐
帳處柴糞不足，燒茶後即不復炊飯。夜氣寒，地濕，小
腹作痛。

8月23日

　　晨間吃糌粑過多，腹痛甚，沿途時常滯憩，正午翻
過馬匹山口。涉難渡河時，一不小心，跌倒河中，幸
虧沒有打濕攝影機。晚宿曲日崗，整日途中洩氣，疲
軟甚。

8月24日

　　早餐後行，至直古湖岸，翻過起家拉山時，看到野
馬成群。我跑去照像，誰知這些動物真正頑皮，見人來
了就跑，拼命也追不上。不追了，牠們又不跑了，立在
崗上回首望我，像是在引誘我去替牠拍小照。我又捨不
得不拍，重又趕向牠們去，牠們又跑了，結果白白地累
我出了一身大汗。晚宿奴那宗，這兒也有野馬。

8月25日

　　早餐後行，自出發以來，未有如今日之疲困者。晚

住桑拉，風大得利害，一揭鍋蓋，飯就冷了，吃冷飯更
增肚子痛。

8月26日

　　今天因為路遠，早起沒燒火就走路。翻過薩堡山
時，看見一隊乞丐陸續地走上山來，頂前頭走的是一個
六七歲的小孩，蹬蹬蹬地邁著小步兒，一點也不現吃力
和氣喘的樣子。山坡是那麼高陡，空氣是那麼稀薄，我
還沒有下完一個坡，這小孩子已登了山頂了！我不禁咋
舌驚嘆，好利害的小架伙！他們的大人還在後頭，有幾
匹驢子，馱著帳房和什物。四個男子，一僧三俗，都背
著火銃，看見我下來，攔著就問：「你往那裡去？」

　　「我回拉薩去！」

　　「你後頭還有伴兒沒有？」

　　「有！」我忖度著他們的語氣不善，哲哲和絳巴剌
都走在前面，剩我孤零零的一人，不要吃了他們的虧。
我略加思索後，立給他這樣一個帶有防衛意義的謊覆，
同時掏出手槍。

　　「有多少人？」

　　「有好幾十人，還有兵，你碰著了告訴他們趕快
前來！」

　　於是他們把路放開了。我下了一坡，昂首望見道傍
的高嶺上還有些他們的一些餘黨，拿著鐵鍬、鐵鑔、鐵
鍬、鐵鏃，蹲地挖掘，像是找尋什麼東西似的。這時絳
巴剌和他的兒子在坡下向我招手，我趕快下了坡。他
很喜歡地迎著問我碰著了剛才那夥人沒有？問了些什麼

話沒有？我把剛才攔路的情形都告訴他，他不禁咋舌，說：「這種人叫做哥兒棒（Kor-Pang，遊丐的藏語）——今天遊到這裡，明天又不知遷到那裡去了，沒有一定的住處。一進村落有人戶的地方，他們就沿途討乞，一走到山嶺荒寫無人之地，他們就獵取野獸的肉來充饑。剛才高嶺上的那一夥，就是正在發掘黃鼠狼洞尋覓他們的午餐呢！如果在冷僻道上碰到單身旅客，他們就要老實不客氣地謀財害命了。我和哲哲都擔心你一個人孤零零地落在後頭，怕出禍事，所以我特在此候著你呢！」

我感謝了他的關切，他又告訴我這種哥兒棒祇和牧帳裡的居民感情很好，因為下雨天落到荒灘野峪的地方，不靠牧帳無法舉炊的，並且作了案事，不靠牧帳裡的人的代為遮掩是無法逃脫的。我想了一想，這夥哥兒棒的飄流覓食的氣息，很有些吉卜賽人的味兒！不一會兒到薩保莊，哲哲在莊口等著我們，已經酤來一壺酒，和絳巴剌二人坐地喝著解渴。我是不飲酒的，祇好跑到溝上去掏了一碗冷水喝。腳上穿的鞋子已破爛得不能再穿了，取出一雙新的來換上，又往下趕路。不料這雙新鞋又小又緊，裹得十個足趾精痛，害得我走幾步就得憩一憩。雖然下到札囊峪中儘是平路，仍是一直拖到天黑盡了才到格連莊，足心燒得再不得勉強前走一步了，祇好進莊借宿。喜得買著了新鮮牛奶，喝了一大壺，才算把日間的痛苦完全解除了。

8月27日

　　早餐後行，不幾步，就到了下莊的厭昧，哲哲的家裡。我坐著休息了一會兒就起身，因為他沿途招呼我很謹慎週到，我封了五兩藏銀給他喝酒，他喜歡得了不得！我覺得我的桑結若是早早地換上他時，我這趟旅行決不至於天天嘔氣！他親自送我，一直出了莊口，打發他的兒子牽馬把我的行李馱到札塘。這樣，我又回到我的朋友朱先生的府上。一進門，朱的岳母就告訴我桑結已於昨天回來了！我沒給她好嘴臉看，因為她是桑結的保人呀！見著小朱，我把桑結在途的一切詳細情形說給他聽，他氣得不得了！然而有什麼辦法呢？事情已經過去了，總算我人是平平安安地回來了，這就是大幸，別的小事也無須計較了吧！我請小朱明天就給我備馬，讓我走，因為我已於今早晨約定了絳巴刺，令他先過江去替我預僱返拉薩的牲腳。小朱答應了，我落得今晚和小朱快快活地盤桓幾小時。

8月28日

　　早上桑結來了，穿得更新鮮漂亮，我再見不得他，一見又氣昏了，提起拳頭要打他，還是小朱拖住了。我聽不出桑結口裡在和小朱說些什麼話，但也清清楚楚地聽到：「……還是我的面子，柏瑪刺才招待你在大旺寺裡住下！也是我的面子，柏瑪刺又送你一斗米！更是我的面子，商上太太送你糌粑和酥油，你不感我恩義，罵我，打我，打罵了不算，還要拿手槍斃我！……」

　　小朱聽到這些話，氣得直哭，淌著兩行眼淚，大嚷

大罵，連他岳母也罵進去了，向我說：「西藏人是沒有一點良心的畜生！隨你待他怎樣好，總是買不過來他們這顆心！」

桑結又進來說我沿途買物，他替我墊了七兩五錢銀子，他現在要這錢。小朱趕快開櫃子取出十五兩銀子擲給他，並且指給岳母看，說：「人家一開手就墊借了四十天的工錢，桑結沒做滿四十天，就偷乾淨了人家的食物逃跑回來，還要冤屈人家七兩五錢銀子！現在我給他兩個七兩五錢！你這個保人到底是保的那頭？天有因果，人有良心，我們漢人無論走到那裡，都不會餓肚子討飯要口子的！不要臉的西藏下三爛兒才討口子，窮死，餓死！……」說著就翻箱倒籠要收拾行李和我一路回拉薩。這一做作，嚇得他的岳母慌了，小朱的太太也慌了，她倆流著四行眼淚，急得沒法攔勸。小朱的太太牽著小朱的一個三歲的女兒，懷著一個快臨分娩的又高又大的大肚子，拉著小朱的手死不放鬆，紐古糖兒似地嬌啼宛轉，雲鬢蓬鬆。小朱的岳母哭著，哀求著，央告著和我說：「……你倆一樣的是漢人，你勸勸他吧！不要跟你走！可憐！我的小女兒，懷了個大肚子，現在是日夜一刻也離不了他的！你又是出家人，修修福，修修德吧！」

一霎時把小朱的一個小小的小家庭鬧得個神鬼悽戚，天地悲慘！我毫無一點息事寧人的辦法，祗好等著小朱把這些女人一起鬨出門外去後，勸他暫把火氣按納下去。小朱還是不肯息地頓著腳說：「你不要看我在這裡有妻有女！誰才和西藏人講同床並枕的交情！我是沒

有辦法！我要是手裡有三五千塊淨錢，我會捨得，撇下了就回家去，走他媽的！哼，對西藏丫頭不這樣狠心是不成的！有錢，回自己老家娶一個，不比這兒的又懂事又和順嗎？……」

我祇好陪著他抽了半天的冷氣！這令我能生慚愧嗎？趕快催他給我端飯來吃，還問他討一雙舊鞋。他沒有別的舊鞋，沒有辦法，找出一雙烏絨氈裡子的上朝官靴給我，試穿了一下，勉強要得，就把新鞋脫給他了。吃完飯，他還鼓著氣非同我走不可，他的隨身行李都備在馬上了，還是我拖著，讓他的那位有小辮子的岳父先把我騎的馬牽出門去。我把小朱的行李從馬上解下來，棄在地上，翻身上了這匹馬，出門招呼小朱的岳父騎上那匹馬，逕自走路，再也不管小朱的太太和岳母怎樣大鬧了！一直到江干，待我上了皮船，小朱岳父才獨自回去。渡過江到北岸上，僱了一頭等候現成的黃牛，把行李馱到札莊，住在一個名叫札什髯布丹（Tra-Shi-Rab-Tan）的家裡，會著了絳巴剌，他已經替我和札什髯布丹講妥了兩匹馬——所有沿途的重要地方，已經完全步行走過來了，就剩下回拉薩一段短短的路，我再不欲勞動我的玉趾，落得舒舒服服地騎馬過山，所以要兩匹馬，一匹是馱行李的——每匹是十四兩五錢的腳價。我一摸身上，除了五十個盧比外，藏銀僅夠一匹馬的腳錢了。沒有辦法，我和扎什髯布丹商量，向他說：「先給你一匹馬的腳錢，行不行？」

「我又不認得你，那一匹馬的腳錢到那裡找你要呀？」他不待我的話說完，就搶著說。

「叫你的腳夫把我送到拉薩後，不就馬上付給他帶回來給你嗎？」

「先生！我們的馬祗送到公布堂的對岸河邊，從不過河的，誰跟你到拉薩取錢呢？」

我還不曉得馬腳是不直送拉薩的，這就把我難住了！想了一想，祗得又和他說：「那麼，一匹給你藏銀，一匹給你三個盧比，你伐算伐算成不？」

他要我先拿一個盧比給他看，是個什麼樣子的錢？我給了他，他拿著拈了一拈，細細瞅了半天，很隨意地說：「這和我們西藏的三兩藏元差不多大小，一個大約就值三兩吧？」

「一個現在市價值八兩呢！三個就是二十四兩，你仔細想想，上算不？」我有些生暗氣。疑心他在故意裝傻要揢勒我，但又不得不和顏悅色的和他說。

「我們鄉下人，沒見過這種錢，也不要這個錢，你還是給我兩匹馬腳的藏銀吧！」

我想著這個鄉下人才真正是一個蠻得無理可喻的傢伙，再懶得和他糾纏不清，祗好再勞動我的尊足兩天，僅顧一匹馬就算了吧！於是就這樣講定的，我收回了我的盧比。這時旁邊坐著一個白髮蒼蒼的老太太——札什髻布丹告訴我，她已經是八十五歲的高齡！——向我要這塊盧比看看，說她活了這麼大的年紀，還從來沒看見過外國洋錢，我就遞給她，她捧著走出外頭有日光的地方看去了。誰知一直到晚上，也不見她送還給我。我催這家的僕人替我去問她追要了三番五次，他們一個個的臉上都帶著輕蔑的笑意回來，誰也不回我一個確實的

下落，不由得我大恨起來，一塊錢是小事，她如果求告我週濟給她，我當然不在乎塊把錢，會慨然地奉送給她老人家，她卻用計，借著看一看開開眼，拿去就不見面了！這明是一個騙局！我氣憤憤地向札什鬐布丹說：「你們西藏人，連一個八十五歲的老太太也是個騙子手！」

他見我急了，也是受不住這句話，不由得不臉一紅，趕快遣人去把這塊錢拿回來給我，並且說：「剛才老太太是向你討了去的，誰知你沒有聽清楚，當她拿去看看就還給你的！」

天呀！我連這老太太剛才向我說的這幾句藏話，不是明明白白聽懂得清清楚楚的嗎？

8月29日

這人家是個臭蟲窩，一晚讓臭兵十萬在我週身擺佈陣圖，害得沒有合著眼，半夜裡我就起床催著走。喝過早茶，就漆黑朦朧地上路，一直走到誐札寺時，天色才漸漸地亮開。沿途沒有牛糞，腳夫也沒有帶火具，途中不曾打尖，渴極了，餓慌了，道旁舀起冰冷的澗水來拌糌粑吃，這如何能過得去呀！過午始過札拉山頂，山口平地有一個西康商人紮下帳房在打尖，遠遠地招呼我進帳，讓我現現成成吃飽喝足，談了些翠南的商情，這才道了謝，起身趕路。下得山時，力已竭了，就在直洗噶對岸的一個荒草灘中倒頭便睡。

我的這生，永遠記著，有這麼一回事——穿了一雙統又高、底又厚的朝靴，爬過一座很高大、很崎嶇的

山，而像野狗似的在荒灘中酣睡了一夜！

8月30日

　　到公布堂對岸的香喀打尖，絳巴剌借我的小刀切酥油。臨上皮船時，我問他要小刀，他找了半天也沒有尋著，著急了半天，他才恍然記憶似地，說是剛才他用完了，隨意放在地下，來了一個討口子的小孩子，在身傍蹲了一下，大概準是那個時候失去了！這又有什麼辦法呢？遺失一把小刀子，和八十五歲的西藏老太太想騙一塊盧比，都同樣的令我晦氣、上當，我祇好相信絳巴剌說的是真話！

　　渡過河，也有現成待僱的牛，要了一匹馱行李。仍不得不念絳巴剌從翠南一直侍候我到拉薩的辛苦，也照著給哲哲的酒錢比例，給他一個盧比，他千恩萬謝地歡喜得了不得，和我同時回到了拉薩。

　　現在，我祇有一個「我被無數西藏人欺騙過了的旅行的終止！經驗永遠是痛苦的！」的感想！

民國日記 97

西藏踏查（二）
歐陽無畏大旺調查記
Tawang:
The Records of Chhos-hPhel-hJigs-Med

原　　著　歐陽無畏
審　　訂　韓敬山
總 編 輯　陳新林、呂芳上
執行編輯　李佳若
封面設計　溫心忻
排　　版　溫心忻

出　　版　開源書局出版有限公司
　　　　　香港金鐘夏慤道 18 號海富中心
　　　　　1 座 26 樓 06 室
　　　　　TEL：+852-35860995

　　　　　民國歷史文化學社 有限公司
　　　　　10646 台北市大安區羅斯福路三段
　　　　　　　 37 號 7 樓之 1
　　　　　TEL：+886-2-2369-6912
　　　　　FAX：+886-2-2369-6990

初版一刷　2022 年 10 月 31 日
定　　價　新台幣 380 元
　　　　　港　幣 105 元
　　　　　美　元　15 元
I S B N　978-626-7157-62-6
印　　刷　長達印刷有限公司
　　　　　台北市西園路二段 50 巷 4 弄 21 號
　　　　　TEL：+886-2-2304-0488

http://www.rchcs.com.tw

國家圖書館出版品預行編目 (CIP) 資料
西藏踏查 . 二 , 歐陽無畏大旺調查記 = Tawang :
the records of Ghhos-hPhel-hJigs-Med/ 歐陽無
畏原著 ; 韓敬山審訂 . -- 初版 . -- 臺北市 : 民國歷
史文化學社有限公司 , 2022.10

　　面；　公分 . -- (民國日記 ; 97)

ISBN 978-626-7157-62-6 (平裝)

1.CST: 遊記 2.CST: 西藏問題 3.CST: 西藏自治區

676.669　　　　　　　　　　　　111015370